2016

CREATIVE MANAGEMENT REVIEW

創意管理評論 第一卷

Volume 1

主编 杨永忠

经济管理出版社
ECONOMY & MANAGEMENT PUBLISHING HOUSE

图书在版编目（CIP）数据

创意管理评论 . 第 1 卷/杨永忠主编 . —北京：经济管理出版社，2016. 10

ISBN 978-7-5096-4600-7

Ⅰ. ①创…　Ⅱ. ①杨…　Ⅲ. ①管理学—研究　Ⅳ. ①C93

中国版本图书馆 CIP 数据核字（2016）第 212540 号

组稿编辑：郭丽娟

责任编辑：郑　亮

责任印制：黄章平

责任校对：张　青

出版发行：经济管理出版社
　　　　　（北京市海淀区北蜂窝 8 号中雅大厦 A 座 11 层　100038）

网　　址：www. E-mp. com. cn

电　　话：（010）51915602

印　　刷：北京玺诚印务有限公司

经　　销：新华书店

开　　本：720mm×1000mm/16

印　　张：12

字　　数：202 千字

版　　次：2016 年 10 月第 1 版　　2016 年 10 月第 1 次印刷

书　　号：ISBN 978-7-5096-4600-7

定　　价：68. 00 元

编委会名单

征稿启事
Call for Papers

创意管理学是从微观管理角度系统研究创意管理活动的基本规律和一般方法的一门科学。它是一门正在迅速成长、充满勃勃生机的工商管理新兴学科，以管理学研究方法为基础，涵盖艺术学、社会学、经济学、制造科学、计算机科学等相关交叉学科。在这一科学领域，存在许多未开发的处女地，蕴藏着丰富的创意宝藏。

作为推动创意管理学形成和发展的专业性学术刊物，《创意管理评论》集刊由四川大学创意管理研究所主办，由国内外相关领域知名学者担纲顾问和联合主编。《创意管理评论》将本着兼容并蓄的开放性学术理念，坚持研产结合的办刊方针，实行严格的国内外同行评议制度，为创意管理学的发展提供一个专业、规范和雅俗共赏的思想分享平台。

《创意管理评论》主要刊登从企业管理视角、应用管理学研究方法探讨创意管理的高水平学术论文和探索性实践文章，近期重点关注创意产品开发、创意企业运营、创意产品营销、创意产品价值评估和文化企业家行为等微观管理领域，热忱欢迎相关领域的国内外专家学者赐稿，分享您对创意管理的专业观察和深刻洞见，我们真诚地期待着。

投稿邮箱：cyglpl@ 163. com

联系电话：028-85416603

地　　址：四川省成都市一环路南一段 24 号四川大学商学院 613《创意管理评论》编辑部

邮　　编：610064

《创意管理评论》编辑部

创意者，文化为根。

昔读"知之者不如好之者，好之者不如乐之者"，今悟，非有文化之乐，创意必东施效颦。

又，创意者，文化是本。

本，必格物致知。故子曰："《诗三百》，一言以蔽之，曰：'思无邪。'"得"思无邪"者，得天下创意。

以此，无不及管理大道。

如企业家精神，当兼济苍生，"君子不器"。

如计划、组织、领导、控制，见之鲁大师乐，子语："乐其可知也：始作，翕如也；从之，纯如也，皦如也，绎如也，以成。"

如组织激励，"子与人歌而善，必使反之，而后和之"。

如公司责任，"君子之于天下也，无适也，无莫也，义之与比"。

藉彼，亦可知创意管理之细则。

子曰："里仁为美。择不处仁，焉得知。"循仁，可察创意萃取之内在价值。

有子曰："信近于义，言可复也。恭近于礼，远耻辱也。"遵义礼，可观创意治理之内外平衡。

再，子路问："闻斯行诸?"子曰："有父兄在，如之何其闻斯行之?"冉有问："闻斯行诸?"子曰："闻斯行之。"公西华曰："由也问'闻斯行诸'，子曰'有父兄在'；求也问'闻斯行诸'，子曰'闻斯行之'。赤也惑，敢问。"子曰："求也退，故进之；由也兼人，故退之。"由此因材施教，推陈出新，方得蓝海之创意航行。

诚如是，则泱泱五千年文化，有复兴之大幸。于寰宇，亦善莫大焉。

目 录

CONTENTS

基本理论

Basic Theory

新当代管理理论：创意管理学的探索[*]

◎ 杨永忠^{**}

摘要：后工业时代发生了重要变革，从社会的变革、产业的变革到企业的变革、人的变革，在变革中企业管理的实践和理论面临重构，新当代管理理论有待创造性地建立。而随着文化资本成为经济增长新的驱动力，新当代管理理论的一个重要内容就是创意管理学的形成与发展。

关键词：新当代管理理论；创意管理学；探索

一、创意管理学的产生背景

（一）社会变革

任何新兴学科的出现，都有其广阔而深远的社会背景。创意管理学的兴起

* 本文的部分观点，主要发表在《广西师范学院学报》2016 年第 4 期。本文是在这些观点上的系统整理和进一步思考。感谢《社会科学报》、中新社、《中国日报》，特别致谢《广西师范学院学报》提供的版权支持。

基金项目：教育部新世纪优秀人才支持计划"创意管理学的形成与发展研究"（项目编号：NCET-12-0389）资助。

** 杨永忠：四川大学商学院教授、博士生导师，四川大学创意管理研究所所长，研究方向：创意管理学，电子邮箱：yangyongzhong@ scu. edu. cn。

与第二次文艺复兴息息相关。众所周知，第一次文艺复兴出现在 13 世纪末叶。当时的意大利最早产生了资本主义的萌芽，新兴的资产阶级希望冲破神学的束缚，在复兴古希腊、古罗马文化的名义下发起了人文主义运动。这一运动在意大利各城市兴起后，逐步扩展到西欧各国，16 世纪盛行于欧洲。

第二次文艺复兴兴起于 20 世纪末，以 1998 年英国政府颁布的《英国创意产业路径文件》为标志。英国曾经是世界上最强大的国家，在即将到来的新千年，为重振雄风面临何去何从的战略决策。英国政府认为，与美国的技术创新比较，文化是英国具有优势的资源，这一资源有可能通过创意而成为有竞争力的新兴产业，成为国家的竞争优势。《英国创意产业路径文件》颁布后，迅速引起全球的关注，美国、澳大利亚、日本、韩国、中国、印度等发达国家和发展中国家，纷纷从国家层面制定了创意产业（或版权产业、内容产业、文化产业）的发展战略。短短 10 余年的时间，创意产业盛行全球。以韩国为例，2000 年韩国创意产业占 GDP 的比重仅为 2%，到 2014 年这一比重超过了10%，创意产业成为韩国当之无愧的新兴支柱产业。

第一次文艺复兴与第二次文艺复兴均起源于欧洲，但第二次文艺复兴却能够迅速扩展到全球，反映出文化经由创意而产生的影响力，已经远远不止于社会和思想层面，更在经济和实践层面深刻地吸引和影响着全人类。

与第一次文艺复兴相比，第二次文艺复兴主要有以下三个方面的发展[①]：

第一，以人文精神为中心发展到以人文创造为中心。

相对于中世纪的神学统治，第一次文艺复兴提出了以人为中心而不是以神为中心，肯定了人的价值和尊严，将人的精神从神的束缚里解放出来，诱发了势如破竹的工业革命。

第二次文艺复兴建立在第一次文艺复兴所提出的人文精神基础上，但更加强调人文创造。其原因在于，第一次文艺复兴解放了人的创造力，在带来随后的工业时代物质繁荣的同时，也使得规模化、标准化的生产和产品严重削弱了人文价值和文化力量，文化的语义、符号扩展及文化浓度在机器大工业为背景的社会和经济生活中受到抑制。到 20 世纪末，随着人的精神需求的日益强烈，

---

① 杨永忠．第二次文艺复兴来临［N］．社会科学报，http：//www.shekebao.com.cn/shekebao/
n440/n444/u1ai11148.html.

体现个性特征和自我情怀的人文创造便焕发出巨大的生存空间和生命力，越来越多的企业和个人开始在人文资源的背景下面向市场创造或合作创造出具有人文力量的产品。

可见，第二次文艺复兴是第一次文艺复兴的深化和发展，是对人性的进一步探索，是在人的创造力解放基础上人文创造力的进一步释放，体现了人从物质的单级主导发展到物质和精神的双重主导发展的内在需求。

第二，从艺术大师推动到创意大师推动。

第一次文艺复兴以艺术大师为主要推动者，其中最具代表性的是文艺复兴三杰：但丁、达·芬奇和莎士比亚。但丁被认为是旧时代的最后一位诗人，同时又是新时代的最初一位诗人。达·芬奇被誉为"文艺复兴时期最完美的代表"。莎士比亚被称为文艺复兴英国最杰出的戏剧家。他们的作品所内含的人文思想和现实情怀，在第一次文艺复兴时期深刻影响和改变了整个欧洲。

反观第二次文艺复兴的推动者，则更加突出表现为创意大师，这些创意大师不仅是艺术家，更包括设计大师、文化企业家等，如英国创意经济之父霍金斯、苹果之父乔布斯、音乐剧之父韦伯等。创意大师在文化与经济的跨界发展中掌握了创意密码，他们所具有的不完全替代性，存在于消费者的搜寻成本、文化消费资本及当下联合消费的生产技术，这使得他们对文化和文化产品消费的推动产生出巨大的滚雪球效应。

今天，创意大师作为创意领域独特的符号象征，引领着创意产业的发展。从艺术大师推动到创意大师推动，从艺术家到文化企业家，从艺术思维到创意经济思维，文化与经济的跨界与融合，正深刻影响着全球跳动的文化和经济脉搏。

第三，以艺术作品为代表发展到以创意商品为代表。

《神曲》、《最后的晚餐》、《蒙娜丽莎》、《哈姆雷特》、《罗密欧与朱丽叶》等艺术作品，成为第一次文艺复兴的代表性作品，也成为第一次文艺复兴的标志。

第二次文艺复兴的代表作品，则不仅停留在艺术层面，更显著的是将文化与经济融为一体的创意商品。如20世纪末有代表性的音乐剧《猫》，掀起了全球音乐剧演出业的革命，除了艺术的完美，更借助于本地化和剧场互动的商业模式，实现了仅一部音乐剧就创造了20多亿美元盈利、6500余万观众的演出纪录。蓬勃发展的迪斯尼乐园则将文化注入娱乐，构建了以"娱乐循环"为概念的"轮次收入模式"，实现了票房收入、发行收入、游客收入和特许授权收入的文化和经济多赢。苹果手机则通过注重产品的设计，重新对手机进行了定义，使得手机不仅是通话工具，更成为赏心悦目的时尚产品，甚至是收藏品。

对比而言，第一次文艺复兴更加突出呈现的是以艺术性和思想性为代表的艺术作品，第二次文艺复兴呈现的则是将艺术性和经济性、新奇性与商业性融为一体的创意商品。这些创意商品在满足人的艺术和新奇需求的同时，也极大地创造了商业财富，推动了经济发展。

综上所述，以人文精神为中心发展到以人文创造为中心，从艺术大师推动到创意大师推动，以艺术作品为代表发展到以创意商品为代表，第二次文艺复兴为创意的价值及其商业实现提供了丰厚的土壤，也催生着创意管理的到来。

（二）产业变革

兴起于20世纪末的第二次文艺复兴，在全球经历了近20年的探索后，正势不可当地进入具有旺盛生命力的成长期。而双轮驱动的经济增长，正是第二次文艺复兴背景下新的全球产业发展模式。

早期的经济增长，建立在劳动力的基础上，随着专业化分工，劳动力的经济增长作用得到显著提升。进入工业社会，随着劳动力的边际收益递减，资本对劳动的替代得到彰显，资本成为经济增长新的动力。随着工业化的发展与深化，资本的边际收益也呈现递减态势，与此同时，技术对资本的替代日益明显，技术成为经济增长的主要驱动力。

进入新千年，革命性的技术创新没有出现，存量的技术所带来的边际效益日益递减，导致各国经济增长出现普遍性的停滞。在这一背景下，全球呼唤着新的经济增长方式出现。也恰恰在这一背景下，以英国为代表的创意产业在全球兴起，使得文化资源迅速成为全球经济增长新的要素。文化经济学家Throsby提出，资本的概念延伸到艺术和文化领域，出现了新的资本——文化资本。文化资本是一种体现、储存并可以提供文化价值的资产，既包括有形的，如绘画、雕塑、历史建筑、遗址和遗迹等，也包括无形的，如群体共享的思想、习惯、信仰和价值观等。这种资产通过创意与其他投入要素结合后，将有助于生产出更多的产品和服务。

与此同时，国际文化政策专家埃文斯指出，文化资本推动城市创造性的发展，是最近 10 年来的一种全球现象，是城市在新科学和新技术的应用与文化创意产业发展的一种组合选择，是新增长理论、后福特经济和后工业发展的一种城市景观。可见，20 世纪末到现在，源于文化并通过创意而形成的文化资本，正在从区域和产业层面形成经济增长新的驱动力，并与技术创新一道构建起双轮驱动的全球产业发展新模式。

今天，这种新的发展模式已成为区域经济发展和地区再生的识别标志，由此形成的创意产业集聚区在形成路径、演化机理上与其他产业集聚区也具有显著的不同。

首先，创意产业集聚区不同于文化产业集聚区。文化产业集聚区在形成过程中主要表现为文化溢出，而创意产业集聚区除了文化溢出外，还呈现显著的经济溢出。此外，正如艺术与商业的融合发展所揭示，技术对文化的影响正日益彰显，创意产业集聚区的技术溢出也日趋突出。因此，如果说文化产业集聚区形成的主要是一种静态的文化景观，那么创意产业集聚区则呈现富有文化底蕴、充满经济活力、展现现代技术的具有新奇特征的动态景观。对一种静态的文化景观，消费者很容易产生审美疲劳；但对一种动态的创意景观，则让人们始终充满好奇与兴趣。这正是创意产业脱胎于文化产业、不同于文化产业、又超越文化产业的富有魅力所在。

其次，创意产业集聚区不同于传统制造业集聚区。传统制造业集聚区主要表现为经济溢出、技术溢出，而创意产业集聚区除了经济溢出、技术溢出外，还有很重要的文化溢出。消费者可能很少会去参观制造业集聚区，但却会充满兴趣地一次次流连于创意产业集聚区，甚至参与合作创造，其行为不仅是经济偏好、技术偏好，更是一种文化偏好。消费者在创意产业集聚区获得的不仅是经济效用、技术效用，还获得了文化效用，即消费者通过参观、参与，也获得了对自身潜在的文化身份的一种追求和认同。因此，创意产业集聚区对社会和国民的发展，均具有制造业集聚不可替代的重要意义和独特特征，并在国家和地区的空间分布上呈现出与制造业集聚交相辉映的价值。

最后，创意产业集聚区是文化与经济、技术的有机融合。文化与经济经历了从分离到融合的发展过程，目前正成为引领经济发展的新引擎，并从产品、企业、产业及区域层面推动着与经济的融合发展。而创意产业集聚区正是产品、企业、产业及区域层面实现文化与经济融合发展的重要平台。技术与文化的关系也经历了从排斥到吸收的发展过程，目前正成为催生文化发展的重要动力，3D技术、多媒体技术、软件技术等正在不同的文化领域产生越来越广泛的应用。创意产业集聚区恰恰为文化与技术的融合提供了重要渠道和拓展平台。可见，文化与经济、技术的有机融合，是创意产业重要而独特的产业特征，也是创意产业集聚区重要而独特的空间特征。

综上所述，文化正成为区域和产业新的经济增长要素，文化资本正日益成为经济增长新的驱动力，经济增长正在从工业化时代技术创新主导的单一模式走向技术创新与文化创意共同主导的双轮驱动模式。以上中观层面的产业变革和创意产业作为支柱产业的发展态势，也为创意管理的微观探索与创新提供了激动人心而硕果累累的产业支撑。

（三）微观变革

兴起于20世纪末的第二次文艺复兴，也从微观层面为创意管理的诞生奠定了坚实的基础。或者说，正是微观层面逐步深入的实践和变革，呼唤着创意管理的出现。微观层面的变革，可以概括为人的属性和企业属性的变化[①]。

首先，从人的属性来看，在机器工业的驱动和经济学的影响下，长期以来人通常被理解和塑造为抽象的经济人，极大忽略了人的其他属性，其中最为重要的是崇尚个性、追求美好生活、以文化为基础的"文化人"属性。我们这里所说的"文化人"，不是狭义上的文化工作者、艺术工作者，而是每一个普通的个体。在"文化人"的背景下，人人都是文化人，个个都是艺术家。

作为人的多元属性的"文化人"的凸显，也体现出有限理性下消费日趋不确定的效用多元回归。这是因为经济上越来越多的效用对人们的满足渐渐饱和，不断上升的经济效用日趋不确定和效用递减，使得人们可以用文化效用替代和弥补经济效用，从而使个人综合效用实现最大化。

其次，就企业的属性而言，企业不只是生硬的、冰冷的追求利润最大化的经济主体，更是生动的、温暖的追求个性和创造美好生活的文化主体。企业与

---

① 部分内容参考和引用杨永忠和罗丹（2016）、林明华和杨永忠（2014）。

文化结合的意识日益明显，氛围日益浓郁，程度日益上升。举例而言，今天妇孺皆知的苹果企业就不单纯只是一家制造企业，不只是一家科技企业，更是一家文化企业，它是文化与科技融合的典范，展现了制造业文化化的必然趋势。而中国具有代表性的两家企业：万达集团在经历了住宅地产、商业地产后，正向文化地产进军；阿里巴巴 2013 年在令业内人士惊讶地宣告组建音乐事业部后，2014 年更是巨资控股香港上市的文化中国，由此进入数字娱乐的版图。以上昭示，一种"个个都是文化企业"的发展气势在今日之中国，已是"山雨欲来风满楼"。

企业强调文化治理、追求成为文化企业，也凸显有限理性下生产日趋不确定的价值多元回归。也就是说，在日趋激烈的市场竞争下，产品的经济价值日趋不确定，因此生产者可以增加和丰富产品的多元价值，特别是文化价值，以满足消费者日益凸显的多元价值的消费需求，从而提高产品生产价值的确定性。

以上从社会的变革、产业的变革到企业的变革、人的变革，呼唤着创意管理的出现，由此构成了创意管理学产生的深厚的时代背景。

二、创意管理学的理论基础

以上我们主要从时代背景的角度，探讨了创意管理学诞生的土壤。然而任何新的理论，都有一个理论的演进过程。创意管理学的形成，建立在文化产业理论、文化经济理论和创意产业理论的基础上。

(一) 文化产业理论

文化产业理论研究的开创者是法兰克福学派，源起于阿多诺和霍克海默 1947 年对"大众文化"的批判。不同于阿多诺和霍克海默的批判态度，同为法兰克福学派的本雅明，则对文化产业持乐观和理性态度，他承认大众文化的积极价值和历史意义，认为艺术品的复制可以把艺术从宗教仪式的古老传统中解放出来，为多数人所共享，给文化带来新的发展空间。其后，社会学家米亚基认为，工业化和新技术引入文化生产中，确实导致了商品化趋势，但同时也带来了令人兴奋的新趋势和创新。

在大众文化和文化产业的论争中，文化产业研究内容日益丰富，文化产业理论也日渐成熟。但从其演变历史中不难发现，文化产业的理论体系并非像其他经济学的分支学科，脱胎于传统的经济学，而是源于哲学和社会学。因此，在较长的时间里，文化产业主流的研究学者并非经济学家，而是哲学家和社会学家；文化产业的主要研究方法是哲学和社会学方法。时至今日，西方具有代表性的文化产业著作，如赫斯蒙德夫的《文化产业》，仍是鲜明的社会学、文化学、传播学与政治经济学方法的融合。

（二）文化经济理论

以下我们简要分析作为经济学独立的分支学科，文化经济学的形成与发展。

从20世纪40年代末开始，尽管文化产业从概念到理论在如火如荼的形成与发展，但西方主流经济学家对文化产业现象的关注却是缺失的。但20年后，一场源于"成本困境"的争论，打破了经济学家对文化产业的集体沉默。

鲍莫尔和鲍文在1966年出版的《表演艺术：经济困境》一书中提出了著名的"成本困境"（Baumol's Cost Disease）问题，即表演艺术的生产力落后于全社会的生产力增长，从而导致表演艺术单位产出成本的持续上升。沿着表演艺术和其他文化产业领域是否存在"成本困境"，西方经济学家展开了30年的争论和讨论，时至今日仍在进行。

在"成本困境"的争论和讨论中，从现代经济学的视角，以稀缺、偏好、效用、需求、供给等经典的经济学理论为基础，文化经济学得以呈现并逐步发展成为一门独立的经济学分支学科。其中，结合文化本身的特点，通过对文化效用、文化价值、文化资本、文化市场等问题的延伸讨论，形成了文化经济学的独特魅力。

（三）创意产业理论

创意产业理论的出现较短，但发展迅猛。

1998年英国政府颁布《英国创意产业路径文件》，首次以官方名义提出界定和采用创意产业而非文化产业，彰显了创意在文化产业的独特价值，由此推动了理论界从文化产业研究、文化经济研究进一步向创意产业研究发展。在创意产业理论的建构中，西方代表性的著作包括凯夫斯的《创意产业经济学》（2000）、霍金斯的《创意经济》（2001）、佛罗里达的《创意阶层的崛起》（2002）等。

受西方的影响，国内学者也纷纷展开创意产业的研究，其中较有代表性的作品包括著名经济学家厉无畏所著的《创意产业导论》（2006）、范周等主编的《文化创意产业前沿》（2007）、向勇等编著的《中国创意城市》（2008）、杨永忠主编的《创意产业经济学》（2009）、金元浦编著的《文化创意产业概论》（2010）、魏鹏举编著的《文化创意产业导论》（2010）、高长春主编的《时尚与创意经济系列》丛书（2011），等等。

得益于国家层面的战略推动，短短10余年的时间，创意产业研究在全球取得蓬勃发展。这里面的学者，既包括传统的哲学、社会学家，更有大量的文化、传媒学者，也有新兴进入的经济学者。从国际视野来看，创意产业的理论建构，越来越鲜明地呈现以文化经济理论为基础（参见中国人民大学出版社出版的《文化创意产业译丛》），以产业经济学为主要研究范式的发展趋势，研究重点则围绕创意产业的发展战略、产业融合、产业组织、新兴业态和政策设计五个方面展开。

以上可见，文化产业理论形成以前，对文化的研究是较为纯粹的哲学和社会学范畴。随着文化产业理论的兴起，文化的研究进入了哲学、社会学、政治经济学等多学科。文化经济学的崛起，则标志着文化研究拓展到纯粹的经济学领域。

随着创意产业的深入发展，人们逐步发现了文化的特殊性：可以重复使用，这种重复使用为文化创意留下了空间；可以再生使用，通过创意，文化可以转变为一种新的资源；可以创造使用，文化通过创意生产或服务可以成为一种新的产品；可以渗透使用，文化通过与其他产业创意融合从而可以提升其他产业的附加值。上述这些特殊性，集中反映出文化的创造性特征：创意。

以上围绕文化的变化，不再仅是一种经济趋势，一种经济现象。随着创意在文化经济中核心地位的确立，谁来创意、创意什么、为谁创意、怎样创意，成为文化经济、创意产业不可回避的核心微观问题，创意管理应运而生。

三、创意管理学的基本范畴

（一）学科界定

创意管理学是从微观管理角度系统研究创意管理活动的基本规律和一般方法的一门科学。它是一门正在迅速成长的、充满勃勃生机的新兴学科和交叉科学，以管理学研究方法为基础，涵盖艺术学、社会学、经济学、计算机科学、制造科学等相关学科方法。其研究目的，是在资源约束的条件下，企业如何基于文化资源，通过创意，从商业化角度对文化价值进行发现、挖掘、呈现和延伸，以实现文化价值和经济价值的综合价值最大化①。

创意管理学不同于文化管理学或艺术管理学。文化管理学或艺术管理学是以文化或艺术为主要研究对象，主要关注文化或艺术本身面临的管理问题。创意管理学是以文化为基础，以文化创意或创意为主要研究对象，其研究更加关注的是创意的价值及其商业化实现方式，也就是创意的微观管理问题。

（二）理论创新空间

创意管理学的出现，经历了文化产业理论、文化经济理论、创意产业理论的发展过程。但创意管理学本质是企业管理学范畴，作为一种新兴的管理现象所隐含的创意管理问题，现有的企业管理理论却难以给予充分的解释。

从演变历史来看，企业管理理论经历了从古典管理理论、现代管理理论到当代管理理论的发展变化。我们注意到，现有的企业管理理论是以工业时代为背景，以技术创新为取向发展起来的，其主要特点是效率和系统。成本导向的效率恰恰导致手工、民间艺术等生存空间的消失，而讲究集成的系统则抹杀了文化的个性，大批量生产的同质化产品无法体现创意产品的灵魂性和新颖性。

后工业时代发生了重要变革，从社会的变革到企业的变革、人的变革，在

---

① 全国率先，川大开设文化创意管理专业 [N]. http://news.ifeng.com/a/20150129/43046415_0.shtml.

变革中企业管理的实践和理论面临重构，新当代管理理论有待创造性地建立①。

新当代管理理论面对的一个重要事实是，文化要素成为经济增长新的要素，文化资本成为经济增长新的动力。源于文化并通过创意而形成的文化资本，正在从宏观、中观和微观层面形成经济增长新的驱动力。而随着文化资本成为经济增长新的驱动力，新当代管理理论的一个重要内容就是创意管理学的形成与发展。

(三) 国外发展状况

创意产业首先在英国兴起，而后席卷全球，但从微观研究层面，基于管理学进行系统研究和深入分析的创意管理却在起步中。目前，涉及创意管理学的研究成果呈现碎片状的特征，其中较为代表性的有：Bilton 所著的《Management and Creativity》，该书是西方学者从文化经济学、创意产业学转向创意管理研究的重要跨界作品，侧重从组织结构、企业战略角度讨论了创意管理问题。Holt 和 Cameron 合著的《Cultural Strategy》，该书是文化创意在品牌战略管理方面理论与实践结合的一部优秀著作。此外，Kao 所著的《Jamming: The Art and Discipline of Business Creativity》、Colbert 所著的《Marketing Culture and the Arts》等，也对创意管理的早期发展具有推动意义。

从学科层面来看，以英国为代表，已经形成了较为完整的创意产业管理学科和教学体系。他们的研究主要立足于文化传媒学科，具有跨学科的视角。以英国利兹大学创意产业管理硕士专业为例，他们开设的主要课程有艺术管理、文化评判、文化政策、企业咨询、创作、观众体验等②。而立足微观管理视角的创意产品开发、创意生产管理、创意产品营销等核心课程则是缺失或不同程度缺乏的，相应更缺乏工商管理的研究方法支撑。

---

① 笔者认为，新当代管理理论是当代管理理论在第二次文艺复兴背景下新的发展，是当代管理理论建构在文化资本上的一种理论创新。其中，人文创造、创意产品、文化企业家等是新当代管理理论的重要特征。

② MA Cultural and Creative Industries [EB/OL]. [2016-04-15]. http://www.kcl.ac.uk/artshums/depts/cmci/study/pgt/cci/index.aspx.

（四） 国内初步探索

以四川大学创意管理研究所为代表，率先在国内工商管理学科发起了对创意管理学的系统探索。

从 2011 年开始，四川大学创意管理研究所先后有幸获得了国家自然科学基金、国家社科基金重点项目、教育部新世纪优秀人才支持计划等项目的支持。特别是 2011 年，受国家留学基金的公派，在澳大利亚访学期间，随着文献的拓展，我们发现，文化经济学、创意产业经济学在西方已取得蓬勃发展，但微观层面有关创意管理的分析却是零碎的，尚缺乏系统性的研究，特别缺乏管理学家的关注。我们意识到，创意管理学在国外仍处于空白①。

回到国内，我们发现，最激动人心和走在实践最前沿的，是发生在中国大地上一个个鲜活的创意企业，由此，激励着我们坚定地选择在创意微观管理的研究道路上前行。

最近四年来，我们在国内创意管理学的建立方面进行了大量开拓性的工作。主要有以下三个方面：

一是出版《中国创意管理前沿研究系列》。自 2014 年推出后，在国内引起较大反响，其中专著《创意产品开发模式：以文化创意助推中国创造》荣获全国"文化产业研究学术成果一等奖"。丛书主要从微观管理视角，探讨文化创意的发生与发展规律，探寻文化与技术、经济的融合机理，探求文化的制造化与制造的文化化路径，力求为"中国制造"向"中国创造"转变提供理论支持。清华大学博士后董鸿英认为，"丛书的推出开启了从微观管理视角系统研究文化创意的大幕②"。随着丛书的陆续出版，将不断深化中国创意管理相关问题的前沿性研究。

二是推动创意管理学这一新兴的工商管理分支学科的形成。在四川大学商学院的支持下，2014 年在国内工商管理学科率先开辟了文化创意管理这一新

---

① 2016 年 6 月，在南开大学举行的"创新与创业：中澳合作与新视野"国际研讨会上，作者发表了"创意管理的兴起"的主题演讲。在提问与交流环节，弗林德斯大学商学院 Spoehr 教授、Seet 副教授表示澳大利亚学者基于管理学研究创意管理的极少。

② 微观管理视角：我国文化创意产业研究转向新趋势 [N]. http：//www.chinanews.com/cul/2014/12-14/6875131.shtml.

的博士招收专业（方向）。目前已经招收国内外博士、博士后 10 余人①，正在开展的专题研究包括创意产品开发模式、创意产品的价值评估方法、互联网创意产品的运营模式、创意产品的消费者合作创造、超级明星的市场竞争策略，等等。

三是推动创意管理学的交流。我们发起了面向产业层面的全球文化企业家公益讲坛，面向学者层面的中欧创意管理学学者沙龙，面向社会层面的"创意成都夜话"。一系列活动的陆续举办，在社会也引起了广泛关注，推动了创意管理学在中国的发展与实践，加速了创意管理学在中国的形成②。

四、创意管理学的未来发展

正像第一次文艺复兴带来了文学、美术等人文学科的发展，第二次文艺复兴在艺术与商业结合下的广阔而深远的创意发展背景，无疑为管理学，特别是创意管理的诞生提供了丰厚的土壤，催生着创意管理学的发展。

创意管理学试图从微观管理视角，为一个新兴产业梳理与之匹配的微观管理理论体系。作为一门正在迅速成长的、充满勃勃生机的新兴学科，创意管理学亟待国内学者特别是管理学者的研究和探索。创意管理学亟待研究的系列问题包括：

产品开发研究。创意产品的一个重要特征就是新奇性。创意产品是生产者和消费者适应新奇观念的市场，因此，新奇是创意产品的重要标志，是创意产品产生经济效益的引擎。如何在产品开发中体现新奇性，是研究者需要进行探讨的问题，但是新奇性并不是研究者唯一要关注的问题。如果新奇性不能与市场有机地结合起来，那么新奇性就没有商业价值和可持续发展的可能。所以，如何实现新奇性和商业性的结合，是进行产品开发研究的关键。

产品生产研究。合作创作是创意产品生产的独特特征之一。创意产品是文

---

① 参见华西都市报 2016 年 7 月 5 日 "封面人物" 栏目关于 "川大教授学术创业，文创管理招来海外学子" 的专题报道。

② 全球文化企业家讲坛在四川大学商学院拉开帷幕 ［N］. http：//cd. qq. com/a/20141205/052331. htm；中欧创意管理学学者沙龙开讲 ［N］. http：//cd. qq. com/a/20141201/042059. htm；"创意成都夜话" 首场开讲，将打造民间创意思想智库 ［N］. http：//m. chinadaily. com. cn/cn/2015 - 02/14/content_19589518. htm.

化和经济的合作演化，因此，单纯的文化创作或纯粹的经济行为，都不能完整表达创意产品生产的实质，或导致文化缺乏经济活力，或导致经济失去文化依托。基于此，相比于一般产品的生产过程，创意产品的生产过程如何才能更好地实现文化从业人与生产经营者的合作创造？

消费问题研究。文化创意产品的消费，体现了消费者的文化身份特征。消费者对创意产品的新奇进行消费，从其消费偏好而言，反映出消费者的文化品位，从而本质上体现出消费者对自身潜在的文化身份的一种认同和追求。这种身份的认同和追求，不同于一般意义的高档产品消费。在高档产品消费中，尽管消费者也体现出一种身份，但主要是基于经济身份，具有炫耀性。而文化身份，是消费者对自身精神活动的一种追求，具有较强的隐秘性。这对文化身份的消费是一种比炫耀性消费层次更高的消费，是在工业文明基础上发展出来的一种更高层次的文明。如何挖掘和满足文化身份的消费？

定价问题研究。文化创意产品的定价体现出社会网络特征。由于创意产品的新奇性，使得创意产品对消费者而言，具有更大的信息不对称，其定价表现出更大的不确定性；但同时，由于文化创意的社会特质，使得创意产品的价格确定可以借助更加显著的社会网络实现。即是说，面对不确定的创意产品，消费者的选择不仅取决于传统的市场价格，更取决于复杂的社会系统中其他个体消费者的消费行为。由此，如何把握和使用社会网络定价？

渠道问题研究。文化创意产品在渠道上体现出空间的体验特征。产品的新奇特征，要求通过一定的体验完成；消费的身份特征，也要依赖于个体行为与其他个体行为的相互体验实现。因此，创意产品的市场空间，不仅是一般产品市场的简单买卖空间，更应是适应创意产品的新奇特征、满足个体消费者互动需求的体验性空间。因此，如何设计和运用体验性空间，才能更好地实现消费者与产品、消费者与生产者、消费者之间的关系互动和相互认同，促进创意产品市场的发展和繁荣？

中国悠久的历史所蕴藏的丰富的可资本化的文化资源，为创意管理学在中国的探索提供了多样的实践素材和广阔的理论创新空间，期待在创意管理的国际学术领域，拥有属于中国学者的一席之地。

参考文献

［1］Baumol W. J., Bowen W. G. Performing Arts: the Economic Dilemma ［M］. New York: Twentieth Century Fund, 1966: 161-209.

［2］Chris Bilton. Management and Creativity: From Creative Industries to Creative Management ［M］. Oxford: Blackwell Publishing Limited, 2006.

［3］Douglas Holt, Douglas Cameron. Cultural Strategy: Using Innovative Ideologies to Build Breakthrough Brand ［M］. Oxford: Oxford University Press, 2010.

［4］Colbert Francois. Marketing Culture and the Arts ［M］. 2nd ed. Montreal: HEC, 2001.

［5］Graeme Evans. Creative Cities, Creative Spaces and Urban Policy ［J］. Urban Study, 2009, 46 (5&6): 1003-1040.

［6］John J. Kao. Jamming: The Art and Discipline of Business Creativity ［M］. New York: Harper Business, 1996.

［7］Miege Bernard. The Capitalization of Cultural Production ［M］. New York: International General, 1989: 9-12.

［8］Throsby D. Economics and Culture ［M］. Cambridge: Cambridge University Press, 2001: 45-48.

［9］熊彼特. 经济发展理论 ［M］.上海：商务印书馆, 1990: 109.

［10］本雅明. 机械复制时代的艺术品 ［M］.重庆：重庆出版社, 2006: 1-18.

［11］赫斯蒙德夫. 文化产业 ［M］.北京：中国人民大学出版社, 2007: 8-12.

［12］霍克海默, 阿多诺. 启蒙辩证法 ［M］.重庆：重庆出版社, 1993: 120-132.

［13］凯夫斯. 创意产业经济学——艺术的商业之道 ［M］.北京：新华出版社, 2004.

［14］理查德·佛罗里达. 创意阶层的崛起 ［M］.北京：中信出版社, 2010.

［15］约翰·霍金斯. 创意经济：如何点石成金 ［M］.上海：上海三联书店, 2006.

［16］金元浦. 文化创意产业概论 ［M］.北京：高等教育出版社, 2010.

［17］厉无畏. 创意产业导论 ［M］.上海：学林出版社, 2006.

［18］吕学武, 范周. 文化创意产业前沿. 理论：碰撞与交融 ［M］.北京：中国传媒大学出版社, 2007.

［19］魏鹏举. 文化创意产业导论 ［M］.北京：中国人民大学出版社, 2010.

［20］向勇, 周城雄. 中国创意城市：创意城市发展研究 ［M］.北京：新世界出版社, 2008.

［21］杨永忠. 创意产业经济学 ［M］.福州：福建人民出版社, 2009.

［22］杨永忠. 民族文化创意的经济分析 ［J］.青海社会科学, 2013 (1): 36-41.

［23］杨永忠，蔡大海．文化企业家的文化价值偏好：决策模型与影响因素 ［J］．财经问题研究，2013（12）：89-95.

［24］林明华，杨永忠．创意产品开发模式 ［M］．北京：经济管理出版社，2015：1-13.

［25］杨永忠，林明华．文化经济学 ［M］．北京：经济管理出版社，2015：1-13.

［26］杨永忠，黄舒怡，林明华．创意产业聚集区的形成路径与演化机理 ［J］．中国工业经济，2011（8）：128-138.

［27］杨永忠，罗丹．创意管理学的形成与发展 ［J］．广西师范学院学报（哲学社会科学版），2016，37（4）：1-6.

New Contemporary Management Theory: the Exploring of Creative Management

YANG Yong-zhong

Abstract: Great changes has been taken placed in the postindustrial era from the society, the industry to the enterprise, and the person, while the practice and theory of enterprise management will be faced with reconstruction, and the new contemporary management theory needs to be established creatively in the changes. Along with cultural capital becoming a new driving force for economic growth, the significant part of the new contemporary management theory lies in the formation and development of creative management.

Key words: New contemporary management theory; Creative management; Exploring

动漫游戏管理国内外研究综述[*]
——基于经济、技术和社会三维视角

◎ 陈睿　陈利[**]

摘要： 对动漫游戏管理的国内外研究具有以管理学为核心、多门社会类学科参与、重视对策研究的特点。在经济维度，已有研究主要涉及价值链、生产运营、企业战略、商业模式、市场营销、品牌运营、人力资源、质量控制、双边市场与平台经济、创业与创新、企业集群等相关问题；在技术维度，主要涉及技术变革对市场演化和市场竞争的影响、技术研发与创新、技术与文化交融及"技术—法学"等相关问题；在社会维度，主要涉及文化资本、消费心理学、社会网络、符号学和艺术学、知识产权保护、社会责任等相关问题。从总体看，相关定量研究和实证研究较为缺乏，未来研究可以在经济、技术、社会的三维整合框架下进一步深化。

关键词： 动漫游戏管理；研究综述；三维视角

---

　* 基金项目：国家自然科学基金项目"基于制度关系的创意产业文化、技术、经济的融合研究"（项目编号：71173150）阶段性研究成果。
　** 陈睿：西华大学人文学院，博士，讲师，研究方向：动漫游戏管理，电子邮箱：okhere99@163.com。陈利：西南财经大学天府学院，讲师，研究方向：文化经济。

一、引言

动漫游戏管理主要关注动漫游戏行业微观运行的过程、特点和规律。从行业特点看，动漫游戏行业属于文化科技高度融合的新型文化产业形态。具有市场潜力大、带动性强；不消耗能源、无污染；技术密集、人力和智力资本密集等特点，对进一步优化经济结构，增加就业，促进经济增长方式转变具有非常积极的作用。从已有的国内外文献看，对动漫游戏管理的国内外相关研究也相对丰富。

国外学者对动漫游戏管理的相关问题予以了较多关注。从收集到的文献情况看，对游戏的相关研究要多于动画。从时间分布上看，可以分为技术导向研究和管理导向研究两个阶段。技术导向研究始于 20 世纪 80 年代中期，结束于 2000 年前后。主要是从技术角度出发的一些相关探讨，其中部分涉及一些管理学问题，但并未从管理学和经济学的角度进行专门研究。2000 年以后，随着动漫游戏市场的逐步成熟，部分管理和经济学者开始关注该领域的相关问题。2002 年，Gallagher 等对美国家庭游戏市场进行了系统的管理分析（Gallagher et al.，2002），这标志着该领域管理学导向研究的开始。此后，学者们从动漫游戏领域的管理学和经济学特点出发，关注了该领域内诸如战略、竞争优势、人力资源、创新等一系列管理学问题，形成了一定的研究成果。相关研究在 2011～2012 年达到高峰，之后该领域的研究产出进入了一个较为稳定的阶段。总体来看，国外学者的研究较为偏重定量研究，常常以成熟经济管理理论为基础，对动漫游戏管理的具体问题进行分析。

在国内研究方面，国内研究者对动漫游戏管理的关注始于 2000 年前后。从收录于历年 CSSCI 的期刊文献看，总体上可以将研究进展划分为心理学主导和管理学主导两个阶段。心理学主导阶段从 2000 年前后到 2005 年，主要偏重于从心理学、行为学的角度对动漫游戏进行相关研究，较为重视对游戏所产生的社会负效应的影响研究，对管理学问题有一定程度的涉及，但涉及不深入。管理学主导阶段从 2005 年开始，相关研究出现了两个明显的变化：一是研究论文的数量出现了很大的增长；二是学者们开始专门关注动漫游戏领域内的管理学问题。动漫游戏的产品开发、企业战略、人力资源、品牌运作、衍生品运营等问题得到了较多的关注。还有学者关注到与动漫游戏产品相关的知识产权保护、民事法律适用等问题。除管理学外，从产业经济理论、心理学和传播学角度的研究也占有一定的比例。从论文数量上看，有关动漫游戏的管理学论文数量在 2005 年以后呈现出明显的增长态势，在 2011 年达到顶峰，之后进入一个较为稳定的阶段。

一个值得关注的现象是，除了在期刊上发表的相关研究文章以外，博士和硕士毕业论文中也有大量选题涉及动漫游戏管理的相关问题。综合来看，对动漫游戏管理的相关研究具有多学科参与、多视角研究的特点。相关研究可以归纳为经济、技术和社会三个大的维度，这些维度又可以按照学科背景细分为多个研究视角。

二、经济维度的国内外相关研究

在经济维度，研究者们主要从价值链、生产运营、企业战略与商业模式、市场营销与品牌运营、人力资源与质量控制、双边市场与平台经济、创业与创新、企业集群等视角对动漫游戏管理进行了较为深入的探讨。

（一）价值链与生产运营

与其他文化产品相比，动漫游戏产品的价值创造过程具有自身的特点，其价值创造过程集中体现为"价值网"的形成和发展（高薇华，2013）。就视频游戏而言，价值链的构成涉及生产者、消费者、硬件平台和销售渠道四个方面，与传统的电影、音乐等娱乐产品相比，硬件平台对价值创造具有更大的影响（Marchand et al.，2013）。由于视频游戏具有很强的互动娱乐特征，平台服务商和消费者在价值创造过程中发挥着更为重要的作用（Gidhagen et al.，2011）。研究证实，通过向消费者提供额外的社交价值，庞大的消费者基数可以在视频游戏产品的生命周期的末期起到明显的抵消作用（Marchand，2016）。

在生产运营上，影响动漫游戏产品生产运营的主要因素可以归纳为经济、技术、社会和政策四个方面（黄德森等，2011；王家民等，2012）。国际层面，动漫游戏产品的生产经历了深刻的变革，具体体现为两个方面的特点：一是定制化生产；二是艺术劳动过程的新变革（Eberts et al.，1998）。目前，我国网络游戏产品的生产运营存在两个方面的问题：一是技术研发和创新不足；二是虚拟物品交易缺乏规范（艾康，2012）。因此，在动漫产品的生产运营中，必须高度重视产业链优化、目标受众和主流文化引导三个方面的问题（彭地等，2012）。

（二）企业战略与商业模式

一方面，在视频游戏市场，由于技术的推动，市场竞争结构正在发生深刻的变化（Zackariasson et al.，2010），市场内日益呈现较为明显的寡头垄断市场特征。在这一环境下，企业（如任天堂、索尼和微软）必须不断地对自身核心能力进行重构，发展能适应市场变化的动态能力（Subramanian et al.，2011）。由于市场结构类型的演化，我们可以根据寡头垄断的市场模型，建立视频游戏市场的商业预测模型和决策分析模型（Brydon et al.，2008）。在动画电影市场，Ilion Animation Studios 在制作其主要动画电影作品 "Planet 51" 的过程中采用了明显的差异化竞争策略（Martin Nunez，2010）。在国内，学者也对动漫游戏企业的经营策略进行了分析，对国内动漫游戏企业的成功案例进行了研究，总结了动漫企业进行多元经营和国际化经营的主要问题和应对策略（汪少明等，2009）。在对联众网络游戏平台的研究发现，通过获取梯度竞争优势是实现网络游戏平台成功的重要途径（余晖等，2003）。

另一方面，商业模式的有效性是决定动漫游戏企业能否持续健康发展的关键。目前，我国网络游戏市场存在两种主要商业运作模式：一是以盛大为代表的代理运营模式（黄漫宇，2005）；二是被普遍采用的免费商业模式（高波等，2012）。研究发现，外部性强度和用户积累成本共同决定网络游戏的收费模式（李长银等，2015）。而对免费商业模式的研究表明，增值服务种类和开发商利润之间存在相关关系，免费商业模式实现利润最大化的关键是实现增值服务功能与定价的差异化。在这一模式中，还需要考虑公司利润最大化与消费者最优选择之间的相容问题（李大凯等，2010）。在动漫方面，新兴网络平台下的商业模式创新具有自身特点，对中国移动手机动漫业务进行的案例研究表明，建立开放的产品开发和发布平台，构建立体化的营销渠道是新商业模式取得成功的关键（储冬爱，2012）。

（三）市场营销与品牌运营

首先，市场营销的首要问题是进行市场细分和市场定位。对日本和韩国的在线游戏用户进行的研究表明，民族文化因素对不同国家用户群体的市场细分具有较大影响（Lee et al.，2004）。其次，动漫游戏产品的销售渠道也具有特殊性。随着新兴互联网经济的兴起，在线分销渠道变得越来越重要。与传统渠道相比，在线分销渠道和传统出版联盟对在线游戏销售的影响具有很大的差异性（Broekhuizen et al.，2013）。对视频游戏产品而言，口碑营销具有重要的作用。其中，专业评论比普通消费者评价对视频游戏产品的销量具有更为明显的影响（Cox et al.，2015）。此外，应综合考虑不同形态的文化衍生产品相互间的正向影响，如视频游戏产品可以有效提升相关文化产品的消费，提升相关文化艺术活动的参与度（Borowiecki et al.，2015）。

在动漫产品运营中，品牌运作和衍生品开发是一个关键环节，动漫品牌的形成根植于动漫品牌创意的有效性（钟益帆等，2011）。进一步而言，动漫形象和下游衍生品开发之间的衔接需要机制支撑，应推动构建两者之间的互动机制（杜肇铭等，2011），从而打破动漫衍生产品开发中存在的产业链断层（曹凌，2010）。具体而言，动漫衍生品开发的主要模式可以归纳为三种，即产品线延伸、多元化延伸和特许经营式延伸（杨庆国等，2012）。就在线游戏产品而言，在游戏产品中进行广告植入也是一种重要的运营方式。基于双边市场理论，游戏中的广告投放与游戏体验之间的关系较为复杂，具体取决于广告投放平台、游戏体验与广告信息植入之间的相互作用方式（方迎丰等，2013）。

（四）人力资源与质量控制

动漫游戏企业的人力资源管理具有自身的特点。在战略人力资源管理（SHRM）的分析框架下，视频游戏企业中人力资源管理的过程和特点与普通制造型企业具有很大差别，具有智力密集型的项目制管理的特征（Autier et al.，2005；Cadin et al.，2006）。在视频游戏企业中，从业人员具有明显的艺术、技术结合特征，开发团队所具有的文化多样性对开发绩效具有重要影响，必须根据具体的人力资源特点采用适合的人才管理模式（Scholz，2012）。研究发现，传统的职能式、指挥式管理不适用于动画创意过程，应根据创意层次实施多维度的管理，平衡创意与管理之间的关系（Morisawa，2015）。

在我国，人力资源供给问题已经成为制约动漫游戏企业竞争力提高的一个重要因素。当前，我国动漫游戏行业的人才供给存在中高端人才缺乏、技术艺术复合型人才匮乏，总体上不能适应企业实际需求的问题（陈志宏，2012）。在目前的人才培养体系中，存在教育应急化、生活体验边缘化、理论研究粗糙化三大误区。要有效提升我国动漫游戏人才的培养水平，必须构建学校、企业和社会共同建构聚合性人才培养体系（陆俊等，2012）。总体而言，我国动漫游戏人才的培养存在内在的结构性矛盾，必须解决创意、技术和管理在人才培养中的融合问题（冯建超等，2013）。具体应从培养方向、培养目标、课程设置、师资队伍等方面提升人才培养与产业需求的契合度（谢敏，2015）。在动漫游戏企业中，还必须综合权衡全面报酬、敬业度和绩效之间的关系，构建有效的人才激励机制（黄志坚，2013）。

动漫游戏软件的质量控制也非常重要。基于不同的视频游戏平台，软件质量对游戏软件消费者感知具有重要影响。在这里，可以通过应用"质量功能部署"（Quality Function Deployment）的方法论来改进游戏软件产品开发过程，提升用户体验（Ip et al.，2006）。

（五）双边市场与平台经济

动漫游戏产品具有很强的"平台经济"特征，这使其涉及双边市场、平台经济和网络效应等理论。大量的企业间网络、企业内部网络和其他外部网络及其相互关系构成了视频游戏市场，网络间的可访问性和互操作性将决定整体市场的成熟程度（O'Donnell，2011）。在全球视频游戏市场中，企业间网络的形成和变化是影响市场周期的重要内生机制（Balland et al.，2013）。在美国视频游戏市场中，存在明显的"间接网络效应"和"平台型控制"特征，这种特性使得平台差异化和为外部开发便利化变得非常重要（Srinivasan et al.，2010）。

在双边市场理论的视角下，视频游戏控制平台市场中的"多方持有行为"对平台拥有者、消费者和生产者网络具有重要影响，如平台层次的多方持有行为，会对平台的销售产生不利的影响；而在成熟的平台市场中，平台共享程度的增加，会导致更多的生产者层次的多方持有行为（Landsman et al.，2011）。

此外，互不兼容的多种游戏硬件平台和软件网络规模效应对第三方开发者软件产品的市场份额具有非常显著地影响（Gretz，2010）。通过实施包括平台在内的垂直整合策略，可以提升游戏产品的排他性，但需要考虑采取适应性的价格和配套市场策略（Gil et al.，2015）。

（六）创业与创新

动漫游戏是一个新创业企业集中成长的市场。对韩国在线游戏市场进行的案例研究表明，新创业企业必须基于市场不确定性和自身资源，着重改善自身的关键价值驱动要素，才能提升新创业企业的市场价值，实现持续成长（Yoo et al.，2012）。

在创新方面，学者们关注了游戏软件市场中创新系统的动力机制（Storz，2008）、视频游戏产品的创意驱动力量（Tschang，2007）、产品开发和创新（Arakji et al.，2007）、创新与市场营销的相互促进（Johnson，2013）、创新过程中的社会和空间结构（Van Egeraat et al.，2013）等问题。研究发现，创意驱动力量的产生来源于"市场—组织—个人"三个层次的相互作用，产品创新必须与消费者需求的合理满足保持一定的平衡（Tschang，2007）。要有效推动动漫游戏产品的深层次创新，必须构建良好的消费者网络和"生产者—消费者"合作网络结构和机制（Arakji，2007）。

（七）企业集群

从经济地理学角度，研究动漫游戏企业的集群化发展是一个重要的研究视角。对爱尔兰数字游戏企业的研究表明，空间分布对企业的发展和演化具有显著影响（Kerr et al.，2012）。对加拿大魁北克省蒙特利尔市的视频游戏企业的研究也发现，区位和空间对该市游戏企业的创意动力机制的形成具有显著影响（Grandadam et al.，2013）。相关研究揭示，动漫游戏的生产具有非常明显的"基于项目"的特征，企业集聚所带来的外部性与动漫游戏公司绩效之间具有明显的正相关关系（De Vaan et al.，2013）。

国内学者也对动漫企业的集群发展予以了较多的关注。如日本东京地区动漫企业呈现出空间分布上的高度集中现象，对该区域内动漫企业的发展具有明显的推动作用（褚劲风，2009）。研究发现，互补性资产是导致动漫企业集聚外部性的主要来源，也是促进企业集群形成的重要影响因素（王缉慈等，2008）。推动动漫企业的集群化发展，可以从四个方面入手：一是通过构建虚拟企业集群进行推动（杜漪等，2009）；二是以动漫原创产品为抓手，推进我国动漫企业的集群化发展（郭晓霞，2012）；三是推动集群内企业服务平台的建立，并从企业与平台交互、传递系统、服务概念、服务技术四个维度进行优化（郭芳等，2012）；四是引导和促进企业集群内社会网络的形成，促进动漫企业集群的演化和升级（史达，2013）。

综合以上分析，经济维度的相关研究主要聚焦于企业层面的各职能实现的具体问题。如应用双边市场和平台经济相关理论，对动漫游戏产品所做的分析得出了许多有价值的成果。更进一步，围绕商业模式、品牌及衍生品运营做了许多有意义的分析，并关注了动漫游戏企业在人力资源方面的特殊性。

三、技术维度的国内外相关研究

在技术维度，研究者们重点关注了技术变革对动漫游戏市场的演化、商业模式和市场竞争的影响机制与途径，还对动漫游戏产品的技术研发、应用与创新、新媒体技术、游戏与电影的技术交融、技术与文化的互动、"技术—法学"问题进行了研究与探讨。

（一）技术变革对动漫游戏市场的演化、商业模式和市场竞争的影响

技术变革对动漫游戏市场的发展变化具有深刻的影响。在微观层面，技术变革首先影响视频游戏产品的创意过程，无论是基于已有平台来开发新游戏产品，还是研发基于新游戏平台的全新游戏产品，技术变革都将进一步加剧产品创意过程的非线性和不可预测性，使得产品创意过程更加类似于一个"创意谈判"的过程（Le et al., 2013）。数字革命对视频游戏和动画产品的生产方式具有明显的革新作用，它在经济和艺术两个层面，通过新知识和新技艺的应用来提供新的产品和服务，并直接影响了动漫游戏企业的战略组织和创新过程（Gandia, 2013）。此外，信息技术还通过技术绩效、市场实践和用户感知等中介变量，对视频游戏市场产生影响（Allen et al., 2005）。

技术变革对动漫游戏市场的商业模式和竞争格局也有直接影响。新技术变

革深刻改变了数字媒体市场的商业模式，如数字音乐市场和视频游戏市场的商业模式都出现了在线销售的新趋势（Waldner et al.，2013）。对美国家庭视频游戏市场的历史分析也表明，技术变革首先导致行业标准的变换，进而对市场竞争格局产生重大影响（Gallagher，2002）。这说明动漫游戏市场存在迅速的技术进步和竞争格局变化，这就要求企业具备迅速适应变化，保持竞争优势的能力，即必须获取和保持"动态能力"，这对于处于这一行业中的企业至关重要（Subramanian，2011；Schilling，2003）。

（二）技术研发、应用与创新

新技术的研发、应用与创新是推动动漫游戏产品开发的核心驱动力量，技术驱动下的内容创意是实现我国动漫企业发展和创新的关键（徐克等，2010）。当前，有四个技术要素对动漫游戏行业的发展起着关键性作用，分别是技术标准、技术研发、公共技术服务平台和有效的技术管理（杨海平等，2011）。对北京中关村地区的案例研究表明，该地区动漫企业的技术创新能力与国外先进水平仍然存在较大差距（沈晓平等，2012）。在动漫游戏行业中，由于技术进步迅速，先进技术在企业实践中的应用非常重要。如特效技术在网络游戏开发中的应用（张云苑，2010），三维动作编辑技术在动画电影制作中的应用（王馨等，2012），网络电子学档在动漫作品评价中的应用（赵俊莉等，2013）。

（三）新媒体技术的相关研究

新媒体技术的普及应用，为传统动漫提供了新的制作手段和传播途径，也为传统动漫的发展提供了新的契机。一方面，这表现为基于互联网、移动互联网、网络电视、IPTV 等新媒体形式的动漫作品，具有审美表现的新型技术化特征和实现途径（黄柏青，2010）。另一方面，新媒体技术对动漫产品的价值链各环节均产生影响（何建平，2007），并带来了新的商业模式，如数字动漫广告在手机电视中的应用（赵鹏，2013）。总体来看，基于科技、文化和经济的互动，新媒体技术对动漫游戏企业的发展具有明显的推动作用（沈阳，2012）。

（四）游戏与电影的技术交融

电子游戏和电影存在技术上的共通性，两者在技术上的融合将催生新的制作方式、艺术形式和商业模式。电子游戏技术渗入电影结构模式，使得新的电影结构模式具有互动性、多线性的特征，并进而影响电影的审美范式和商业模式（何志钧等，2008），反过来，通过电影摄影技术手段也可增强电子游戏的表现力（曹渊杰等，2008）。有观点认为，基于体感游戏机技术的互动电影技术的产生，可能实现电影与游戏的全新融合（列昂·葛瑞威奇等，2011）。同时，电影和电子游戏都具有对技术的高度依赖性，在制作方式和艺术形式上也存在共通之处，因此两大市场具备明显的融合前景（袁联波，2007；聂欣如，2007；王峥等，2006）。美国的市场实践也表明，电子游戏与动画电影之间存在明显的相互促进关系，两大市场间通过技术物质基础的规模效应，可实现深入融合（彭骄雪等，2007）。

（五）技术与文化的交融和互动

动漫游戏产品内在包含技术、文化、艺术之间的交融与互动。一方面，动漫产品内在的技术与艺术要素之间，存在相互依存和共同促进关系（欧阳友权，2011）。另一方面，技术要素对艺术要素也有明显的影响，如数字化技术深刻地改变了动漫创作的艺术观念（涂先智，2010）。在新的虚拟现实技术的支撑下，可进一步实现网络游戏与真实旅游的互动，为提供新的文化和艺术体验途径（梁留科等，2007）。反过来，文化元素也可以赋予技术实践以特有的表现张力，如我国传统的民族文化元素在电子游戏视觉设计中的应用，可极大地增强游戏产品的视觉表现力和感染力（冯文昌等，2013；冯东等，2010）。

（六）"技术—法学"的研究视角

值得注意的是，游戏产品在其发展过程中，产生了许多"技术—法学"问题，比较典型的是对网络游戏外挂程序的相关分析。外挂程序对网络游戏市场发展产生了巨大影响，也带来了一系列的技术性法律问题。外挂行为主要包括制售外挂、单纯销售外挂、利用外挂从事有偿代理升级、通过外挂获取游戏数据四种（俞小海，2015）。学者们探讨了网络游戏外挂程序的技术基础，讨论了外挂程序的机理和传播途径（寿步等，2005），分析了外挂程序的主要特征和分类（寿步等，2005），进而分析了不同外挂程序的法律性质和危害程度（石金平等，2009）。

总体来看，国外学者对动漫游戏市场的"技术—经济"系统的相关问题进行了比较系统的研究。详细讨论了技术变革对市场演化、商业模式和市场竞争模式的影响和企业的应对策略。一个值得关注的现象是，学者们对游戏与电影的技术交融及在此基础上的市场融合进行了细致的探讨。此外，国内学者从"技术—法学"视角进行的相关研究也值得关注。

四、社会维度的国内外相关研究

在社会维度，学者们重点从文化资本、消费心理学、社会网络、符号学与艺术学、法学、知识产权保护、企业社会责任等角度对动漫游戏管理的相关问题进行了研究。

（一）文化资本视角

文化资本是推动动漫游戏产品开发的重要基础，对产品开发具有重要的意义和作用。文化资本在视频游戏产品的开发和运营过程中，起到了重要的基础性作用（Cadin et al.，2006）。社会文化的许多要素，也不可避免地影响到视频游戏产品的价值呈现，如美国视频游戏产品中所包含的性别、种族等社会文化要素就充分体现了美国文化的许多方面（Dunlop，2007）。"物哀"情节对日本动漫的审美倾向具有深刻影响（万柳，2016）。在动漫产品开发中，文化资源在现代技术手段和创意思维的综合作用下，通过外形塑造、结构重组、内容融合等方式形成产品，并通过二次开发和衍生品运营等方式向文化资本转化（韦文杰，2012）。具体而言，民俗文化资源可以通过本土化、审美化、人文化、国际化、现代化、产业化的途径转化为动漫产业资本（徐金龙，2015）。

（二）消费心理学视角

从心理学和消费心理学角度分析动漫游戏产品受众的心理和行为特点是整体研究的重要方面。在网络游戏社区中，用户信息交换行为对游戏用户体验具有显著影响。而用户信息习惯又决定了用户参与该社区的信息行为（孔少华，2013）。网络游戏中的社会互动、成就认同和社会认同具有明显的相关关系（朱丹红等，2013）。值得注意的是，青少年的网络游戏行为具备特有的心理结构模式（黄少华等，2013）。在青少年网络游戏行为中，个人特征和体验对网络服务满意度和游戏体验具有重要影响（谢毅等，2013）。

（三）社会网络（消费者—生产者网络）视角

动漫游戏的相关社会网络对于行业发展也具有重要的影响。今天，动画行业已经形成了一个全球性的生产网络。该网络在市场结构、劳动力分工、需求结构、生产技能的扩散等方面和传统电影的生产具有显著的差异（Yoon et al.，2010）。在对挪威奥斯陆新兴的动画企业的案例分析中，发现正式项目组织和非正式的社会网络之间的互动对企业发展具有重要影响，这一互动关系成为了奥斯陆动画企业的本地优势的重要基础（Johnsen，2011）。此外，游戏开发者之间的连通性对游戏企业也具有重要影响，在社会网络的视角下，发现开发商之间的知识溢出效应对企业发展具有明显的推动作用（Claussen et al.，2012）。

消费者也是影响动漫游戏生产的重要因素。受众群体的结构与特征对动画产品的生产具有重大影响（杨先平等，2012），而在线游戏具有明显的消费者网络驱动特征（Badrinarayanan et al.，2015）。在视频游戏市场中，消费者网络是游戏企业的重要战略资产，其规模大小对游戏企业的业绩具有重要影响（Shankar et al.，2003）。研究表明，消费者网络的活跃度也对在线游戏产品的绩效具有重要影响，针对不同活跃度的消费者群体，应采取不同的策略（Kaptein et al.，2016）。在视频游戏的开发、测试和扩散过程中，游戏开发公司与游戏用户社区之间的互动关系对产品成功具有重要意义（Burger-Helmchen et al.，2011）。

（四）符号学和艺术学视角

学者们还从符号学和艺术学的角度来分析动漫现象及其对社会生活的影响。如动漫中"萌"符号元素的类型和组合应用方式（汤蓓蓓等，2013），日本动漫中的女性"萌"文化符号体系（费勇等，2013）。事实上，动漫角色、意蕴所构成的符号系统对日本社会风俗产生了明显的影响（韩若冰，2013）。

从符号学角度看，我国动漫电影音乐的艺术特点与民族文化符号的陈述方式一致（董方，2013），我国动漫人物的塑造方式也受到了民族文化特有符号体系的深刻影响（赵丽敏，2013）。就魔幻题材的网络游戏而言，其叙事风格深深植根于传统文化，其艺术表现方式受到我国传统绘画风格的影响（梁红艳等，2013）。

（五）法学视角、知识产权保护和企业社会责任

由于动漫游戏产品具有很强的新技术特征，也随之产生了大量原有法律体系无法调节的新的民事法律关系，学者们对这一现象也予以了较多关注。如网络游戏中存在的"私服"现象的法律适用问题（王燕玲，2013），网络游戏中虚拟物品的交易模式、法律规范和技术措施问题（寿步等，2005），网络虚拟财产的法律属性和举证责任（彭晓辉等，2004）等问题。值得注意的是，游戏产品由于其自身在技术和表现形式上的特殊性，其在著作权保护上具有与普通文本不同的特性，其著作权保护更为复杂（崔国斌，2016）。

在公司社会责任方面，世界十大顶尖游戏公司的 CSR（Corporate Social Responsibility）战略存在不足，相关企业虽然对 CSR 做了形式上的声明，但只有很少的企业将 CSR 的相关要求融入企业的核心业务流程之中。此外，对游戏企业的 CSR 缺乏独立的外部评估（Jones et al.，2013）。有观点认为，鉴于网络游戏对青少年成长的巨大影响，有必要建立综合性的产业发展治理机制（刘亚娜等，2016）。

在知识产权保护方面，针对当前动漫产品知识产权保护中存在的主要问题，有观点认为应在法律、体制、机制三个层面进行整合性推进（张永忠，2012），也有意见认为应从政府、行业、企业和个人四个层面，综合加强动漫产品的知识产权保护（王宇红等，2008）。

从以上分析来看，从社会网络视角研究动漫游戏管理的相关问题是一个重要的切入点。国外学者从"消费者—生产者"网络及其相互关系入手，得出了许多有意义的研究成果。此外，由于动漫游戏产品所具有的无形性和易复制性，如何对动漫游戏产品进行有效的知识产权保护也成为了当前研究的重点。

五、研究评述和展望

动漫游戏管理具有经济、技术和社会高度融合的特点。因此，对动漫游戏管理的研究具有以管理学为核心，多门社会类学科参与，重视政策研究的特点，呈现出多学科、多视角的态势，已经取得了较为丰富的研究成果。

首先，研究者们关注了企业层面的各职能实现的具体问题。如应用双边市场和平台经济相关理论，对动漫游戏产品进行分析，得出了许多有价值的成果。更进一步，围绕商业模式、品牌及衍生品运营做了许多有意义的分析，并关注了该行业在人力资源方面的特殊性。

其次，研究者们主要从"技术—经济"和"技术—法学"两个方面对动漫游戏管理的技术系统进行了探讨。其中，国外学者对"技术变革—市场演进"的相关问题的分析较为深入和具体。对游戏与电影技术交融问题的研究也表明了市场融合趋势的重要性。

最后，研究者们主要从"社会网络"和"知识产权保护"的角度对动漫游戏管理的相关社会系统问题进行了研究。同时，还涉及文化资本、消费心理学及符号学领域。对动漫游戏企业的社会责任问题也得到了一定程度的关注。

综合来看，当前研究在以下三个方面还存在进一步拓展的空间，可以进一步细化和深化相关研究。

第一，当前对动漫游戏管理的研究更多地停留在定性研究阶段。实证分析主要集中在消费者行为等局部领域，针对企业管理的相关职能在动漫行业中的实现问题，可进一步加强实证研究。

第二，应加强对动漫游戏管理的技术经济分析。当前研究在经济和社会领域已较为深入，但对动漫游戏产品的技术创新、技术扩散和技术应用及转化等问题还缺乏关注。作为互联网经济的重要组成部分，动漫游戏管理具有技术驱动、技术与经济高度融合的特点，因此有必要加强对该领域的技术经济分析。

第三，由于动漫游戏管理所具有的经济、技术、社会三位一体的融合特征，还可以从融合的视角，加强对动漫游戏管理的整体研究，揭示在动漫游戏管理的发展过程中，经济、技术和社会三大系统各自的运行机理和相互影响。

在此基础上，深入研究推动我国动漫游戏发展的有效模式和运行体系。

参考文献

［1］ Allen J. P., Kim J. IT and the Video Game Industry: Tensions and Mutual Shaping ［J］. Journal of Information Technology, 2005, 20 (4): 234-244.

［2］ Arakji R. Y., Lang K. R. Digital Consumer Networks and Producer-consumer Collaboration: Innovation and Product Development in the Video Game Industry ［J］. Journal of Management Information Systems, 2007, 24 (2): 195-219.

［3］ Autier F., Picq T. Is the Resource-based "View" a Useful Perspective for SHRM Research? The Case of the Video Game Industry ［J］. International Journal of Technology Management, 2005, 31 (3-4): 204-221.

［4］ Badrinarayanan V. A., Sierra J. J., Martin K. M. A Dual Identification Framework of Online Multiplayer Video Games: The Case of Massively Multiplayer Online Role Playing Games (MMORPGs) ［J］. Journal of Business Research, 2015, 68 (5): 1045-1052.

［5］ Balland P., De Vaan M., Boschma R. The Dynamics of Interfirm Networks along the Industry Life Cycle: The Case of the Global Video Game Industry, 1987-2007 ［J］. Journal of Economic Geography, 2013, 13 (5): 741-765.

［6］ Borowiecki K. J., Prieto-Rodriguez J. Video Games Playing: A Substitute for Cultural Consumptions? ［J］. Journal of Cultural Economics, 2015, 39 (3): 239-258.

［7］ Broekhuizen T. L. J., Lampel J., Rietveld J. New Horizons or a Strategic Mirage? Artist-led-distribution Versus Alliance Strategy in the Video Game Industry ［J］. Research Policy, 2013, 42 (4): 954-964.

［8］ Brydon M., Gemino A. Classification Trees and Decision-analytic Feedforward Control: a Case Study from the Video Game Industry ［J］. Data Mining and Knowledge Discovery, 2008, 17 (2): 317-342.

［9］ Burger-Helmchen T., Cohendet P. User Communities and Social Software in the Video Game Industry ［J］. Long Range Planning, 2011, 44 (5-6): 317-343.

［10］ Cadin L., Guerin F. What Can We Learn from the Video Games Industry? ［J］. European Management Journal, 2006, 24 (4): 248-255.

［11］ Cadin L., Guerin F., DeFillippi R. HRM Practices in the Video Game Industry ［J］. European Management Journal, 2006, 24 (4): 288-298.

［12］ Claussen J., Falck O., Grohsjean T. The Strength of Direct Ties: Evidence from the

Electronic Game Industry [J]. International Journal of Industrial Organization, 2012, 30 (2): 223-230.

[13] Cox J., Kaimann D. How do Reviews from Professional Critics Interact with Other Signals of Product Quality? Evidence from the Video Game Industry [J]. Journal of Consumer Behaviour, 2015, 14 (6): 366-377.

[14] De Vaan M., Boschma R., Frenken K. Clustering and Firm Performance in Project-based Industries: the Case of the Global Video Game Industry, 1972-2007 [J]. Journal of Economic Geography, 2013, 13 (6): 965-991.

[15] Dunlop J. C. The U. S. Video Game Industry: Analyzing Representation of Gender and Race [J]. International Journal of Technology and Human Interaction, 2007, 3 (2): 96-109.

[16] Eberts D., Norcliffe G. New Forms of Artisanal Production in Toronto's Computer Animation Industry [J]. Geographische Zeitschrift, 1998, 86 (2): 120-133.

[17] Gallagher S., Park S. H. Innovation and Competition in Standard-based Industries: A Historical Analysis of the US Home Video Game Market [J]. Ieee Transactions on Engineering Management, 2002, 49 (1): 67-82.

[18] Gandia R. The Digital Revolution and Convergence in the Videogame and Animation Industries: Effects on the Strategic Organization of the Innovation Process [J]. International Journal of Arts Management, 2013, 15 (2): 32-44.

[19] Gidhagen M., Ridell O. P., Sorhammar D. The Orchestrating Firm: Value Creation in the Video Game Industry [J]. Managing Service Quality, 2011, 21 (4): 392-409.

[20] Gil R., Warzynski F. Vertical Integration, Exclusivity, and Game Sales Performance in the US Video Game Industry [J]. Journal of Law Economics & Organization, 2015 (311): 143-168.

[21] Grandadam D., Cohendet P., Simon L. Places, Spaces and the Dynamics of Creativity: The Video Game Industry in Montreal [J]. Regional Studies, 2013, 47 (10): 1701-1714.

[22] Gretz R. T. Hardware Quality vs. Network Size in the Home Video Game Industry [J]. Journal of Economic Behavior & Organization, 2010, 76 (2): 168-183.

[23] Ip B., Jacobs G. Quality Function Deployment for the Games Industry: Results from a Practical Application [J]. Total Quality Management & Business Excellence, 2006, 17 (7): 835-856.

[24] Ip B., Jacobs G. Quality in the Games Industry: an Analysis of Customer Perceptions [J]. International Journal of Quality & Reliability Management, 2006 (5).

［25］ Johnsen I. H. G. Formal Project Organization and Informal Social Networks：Regional Advantages in the Emergent Animation Industry in Oslo, Norway ［J］. European Planning Studies, 2011, 19 (7)：1165−1181.

［26］ Johnson E. A. J. Innovation and Marketing in the Video Game Industry：Avoiding the Performance Trap ［J］. Journal of Product Innovation Management, 2013, 30 (1)：187−188.

［27］ Jones P., Comfort D., Hillier D. Playing the Game：Corporate Social Responsibility and the Games Industry ［J］. Journal of Public Affairs, 2013 (3).

［28］ Kaptein M., Parvinen P., Poyry E. The Danger of Engagement：Behavioral Observations of Online Community Activity and Service Spending in the Online Gaming Context ［J］. International Journal of Electronic Commerce, 2016, 20 (1)：50−75.

［29］ Kerr A., Cawley A. The Spatialisation of the Digital Games Industry：Lessons from Ireland ［J］. International Journal of Cultural Policy, 2012, 18 (4)：398−418.

［30］ Landsman V., Stremersch S. Multihoming in Two−Sided Markets：An Empirical Inquiry in the Video Game Console Industry ［J］. Journal of Marketing, 2011, 75 (6)：39−54.

［31］ Le P. L., Masse D., Paris T. Technological Change at the Heart of the Creative Process：Insights From the Videogame Industry ［J］. International Journal of Arts Management, 2013, 15 (2)：45−59.

［32］ Lee S. C., Suh Y. H., Kim J. K., et al. A Cross−national Market Segmentation of Online Game Industry Using SOM ［J］. Expert Systems with Applications, 2004, 27 (4)：559−570.

［33］ Marchand A. The Power of an Installed Base to Combat Lifecycle Decline：The Case of Video Games ［J］. International Journal of Research in Marketing, 2016, 33 (1)：140−154.

［34］ Marchand A., Hennig−Thurau T. Value Creation in the Video Game Industry：Industry Economics, Consumer Benefits, and Research Opportunities ［J］. Journal of Interactive Marketing, 2013, 27 (3)：141−157.

［35］ Martin Nunez M. Planet 51 and the Pixar−ization of the Spanish Animation Industry ［J］. Atalante−Revista De Estudios Cinematograficos, 2010 (10)：26.

［36］ Morisawa T. Managing the Unmanageable：Emotional Labour and Creative Hierarchy in the Japanese Animation Industry ［J］. Ethnography, 2015, 16 (2)：262−284.

［37］ O'Donnell C. The Nintendo Entertainment System and the 10NES Chip：Carving the Video Game Industry in Silicon ［J］. Games And Culture, 2011, 6 (1)：83−100.

［38］ Schilling M. A. Technological Leapfrogging：Lessons from the US Video Game Console

Industry [J]. California Management Review, 2003, 45 (3): 6.

[39] Scholz T. M. Talent Management in the Video Game Industry: The Role of Cultural Diversity and Cultural Intelligence [J]. Thunderbird Int'l Bus Rev, 2012 (6).

[40] Shankar V., Bayus B. L. Network Effects and Competition: An Empirical Analysis of the Home Video Game Industry [J]. Strategic Management Journal, 2003, 24 (4): 375-384.

[41] Srinivasan A., Venkatraman N. Indirect Network Effects and Platform Dominance in the Video Game Industry: A Network Perspective [J]. Ieee Transactions on Engineering Management, 2010, 57 (4): 661-673.

[42] Storz C. Dynamics in Innovation Systems: Evidence from Japan's Game Software Industry [J]. Research Policy, 2008, 37 (9): 1480-1491.

[43] Subramanian A. M., Chai K., Mu S. Capability Reconfiguration of Incumbent Firms: Nintendo in the Video Game Industry [J]. Technovation, 2011, 31 (5-6): 228-239.

[44] Tschang F. T. Balancing the Tensions between Rationalization and Creativity in the Video Games Industry [J]. Organization Science, 2007, 18 (6): 989-1005.

[45] Van Egeraat C., O'Riain S., Kerr A. Social and Spatial Structures of Innovation in the Irish Animation Industry [J]. European Planning Studies, 2013, 21 (9): 1437-1455.

[46] Waldner F., Zsifkovits M., Heidenberger K. Are Service-based Business Models of the Video Game Industry Blueprints for the Music Industry? [J]. International Journal of Services, Economics and Management, 2013, 5 (1-2): 5-20.

[47] Yoo C., Yang D., Kim H, et al. Key Value Drivers of Startup Companies in the New Media Industry-The Case of Online Games in Korea [J]. Journal of Media Economics, 2012, 25 (4): 244-260.

[48] Yoon H., Malecki E. J. Cartoon Planet: Worlds of Production and Global Production Networks in the Animation Industry [J]. Industrial And Corporate Change, 2010, 19 (1): 239-271.

[49] Zackariasson P., Wilson T. L. Paradigm Shifts in the Video Game Industry [J]. Competitiveness Review: An International Business Journal, 2010, 20 (2): 139-151.

[50] 艾康. 我国网络游戏产业的现状与发展 [J]. 高校理论战线, 2012 (9): 70-72.

[51] 曹凌. 中国动漫衍生产业的主要问题及对策探讨 [J]. 新闻界, 2010 (6): 193-194.

[52] 曹渊杰, 李亦中. 现代电影与电子游戏的交互趋势 [J]. 当代电影, 2008 (9): 122-126.

[53] 陈志宏．我国动漫产业人才培养模式及发展［J］．社会科学家，2012（S1）：107-108.

[54] 储冬爱．试论中国手机动漫产业成功模式的构建——以中国移动为例［J］．中国出版，2012（2）：54-57.

[55] 褚劲风．东京动漫产业集聚空间组织与空间优化研究［J］．世界经济研究，2009（6）：74-79.

[56] 崔国斌．认真对待游戏著作权［J］．知识产权，2016（2）：3-18.

[57] 董方．当代中国动漫电影音乐的特征［J］．当代电影，2013（11）：179-181.

[58] 杜漪，徐超，吴建祖．探索我国动漫产业虚拟集群的构建框架［J］．科技管理研究，2009（2）：168-170.

[59] 杜肇铭，黄坚．动漫主题、形象与衍生产品开发的互动机制研究［J］．文艺争鸣，2011（4）：7-10.

[60] 方迎丰，陈潇雨，王怀．美国电脑游戏植入广告产业链研究［J］．新闻界，2013（20）：75-80.

[61] 费勇，辛暨梅．日本动漫作品中的女性"萌"系形象［J］．华南师范大学学报（社会科学版），2013（3）：102-106.

[62] 冯东，付玉，薛勇．电子游戏视觉艺术设计中的民族文化元素应用研究［J］．宁夏大学学报（人文社会科学版），2010（1）：209-211.

[63] 冯建超，彭少健．高素质动漫人才培养的协同创新机制研究［J］．中国广播电视学刊，2013（2）：73-75.

[64] 冯文昌，张晓亮．动漫技术在河南太极文化产业发展中的应用研究［J］．地域研究与开发，2013（5）：62-64.

[65] 高波，李大凯．免费商业模式下厂商利润最大化的运营对策研究——以网络游戏产业为例［J］．宏观经济研究，2012（11）：25-31.

[66] 高薇华．由价值链到价值网：动漫产业的内生增长模型［J］．现代传播（中国传媒大学学报），2013（8）：100-105.

[67] 郭芳，梅强，李文元等．基于四维度模型的动漫产业服务平台创新策略研究［J］．科技管理研究，2012（2）：104-108.

[68] 郭晓霞．以动漫原创产品开发为基点促进动漫产业集群化［J］．社会科学家，2012（S1）：70-71.

[69] 韩若冰．动漫·角色·符号：日本当代都市民俗的意义表达［J］．民俗研究，2013（2）：135-146.

[70] 何建平. 新媒体与中国动漫产业互动机制研究 [J]. 当代电影, 2007 (5): 57-62.

[71] 何志钧, 秦凤珍. 电子游戏与当代电影的审美新变 [J]. 当代电影, 2008 (9): 126-128.

[72] 黄柏青. 审美范式的超越: 新媒体动漫艺术解析 [J]. 湖南师范大学社会科学学报, 2010 (5): 125-128.

[73] 黄德森, 杨朝峰. 基于结构方程模型的动漫产业影响因素分析 [J]. 中国软科学, 2011 (5): 148-153.

[74] 黄漫宇. 从盛大看网络游戏运营企业的主要商业模式 [J]. 中南财经政法大学学报, 2005 (4): 114-118.

[75] 黄少华, 刘赛. 青少年网络游戏行为的结构 [J]. 兰州大学学报 (社会科学版), 2013 (5): 55-62.

[76] 黄志坚. 动漫人才全面报酬、敬业度和绩效之间的作用关系 [J]. 科技管理研究, 2013 (4): 166-170.

[77] 孔少华. 大型多人在线网络游戏虚拟社区用户信息行为研究——以网易大型多人在线网络游戏梦幻西游为例 [J]. 情报科学, 2013 (1): 123-128.

[78] 李大凯, 孙曰瑶. 免费商业模式下厂商盈利机制的经济分析——基于对网络游戏产业的分析 [J]. 中南财经政法大学学报, 2010 (5): 129-134.

[79] 李长银, 陈慧慧, 高寒. 网络外部性视角下的网络游戏产业收费模式研究 [J]. 经济经纬, 2015 (1): 66-71.

[80] 梁红艳, 刘志红. 论魔幻网络游戏的叙事艺术 [J]. 求索, 2013 (7): 262-264.

[81] 梁留科, 余汝艺, 李华辰. 网络游戏与旅游互动的初步研究 [J]. 旅游学刊, 2007 (7): 58-63.

[82] 列昂·葛瑞威奇, 孙绍谊. 互动电影: 数字吸引力时代的影像术和"游戏效应" [J]. 电影艺术, 2011 (4): 84-92.

[83] 刘亚娜, 高英彤. 青少年保护视角下我国网络游戏产业治理模式研究 [J]. 河南大学学报 (社会科学版), 2016 (3): 95-101.

[84] 陆俊, 胡燕. 中国动漫产业人才培养的误区 [J]. 生产力研究, 2012 (9): 185-186.

[85] 聂欣如. 动画片和电子游戏的关系及历史评《电子游戏与美国当代动画电影的崛起》[J]. 电影艺术, 2007 (4): 146-148.

[86] 欧阳友权. 数字动漫的艺术审美与技术张力 [J]. 求是学刊, 2011 (5): 94-98.

[87] 彭地, 徐立人. 中国动漫产业的问题与对策 [J]. 编辑之友, 2012 (10): 67-68.

[88] 彭骄雪, 王进. 电子游戏与美国当代动画电影的崛起 [J]. 电影艺术, 2007 (1): 151-153.

[89] 彭晓辉, 张光忠. 我国网络游戏中"虚拟财产"的法律保护问题 [J]. 中南财经政法大学学报, 2004 (3): 123-127.

[90] 沈晓平, 刘利永, 张京成. 中关村高端创意产业核心技术需求与策略 [J]. 中国科技论坛, 2012 (9): 112-116.

[91] 沈阳. 新媒体技术与文化创意产业互动关系的多维度分析 [J]. 经济导刊, 2012 (4): 52-53.

[92] 石金平, 游涛. 论网络游戏外挂的刑法规制 [J]. 政治与法律, 2009 (10): 52-58.

[93] 史达. 社会网络视角下的产业集群演化路径研究——以中国动漫产业为例 [J]. 社会科学辑刊, 2013 (4): 93-96.

[94] 寿步, 黄毅峰, 张蓥锋等. 网络游戏外挂程序法律政策问题研究系列之一外挂程序的起源和机理 [J]. 电子知识产权, 2005 (8): 10-13.

[95] 寿步, 黄毅峰, 朱凌等. 网络游戏外挂程序法律政策问题研究系列之二外挂程序的定义特征和分类 [J]. 电子知识产权, 2005 (8): 14-17.

[96] 寿步, 李勇. 网络游戏虚拟物相关的刑罚问题 [J]. 电子知识产权, 2005 (11): 26-30.

[97] 汤蓓蓓, 周怡. 论萌系动漫中"萌"元素的运用 [J]. 当代电影, 2013 (11): 191-194.

[98] 涂先智. 数字化情境下动漫艺术观念的思考 [J]. 新美术, 2010 (5): 101-103.

[99] 万柳. 从"解情趣"到"审丑"——论"物哀"对日本动漫审美精神的影响 [J]. 北京电影学院学报, 2016 (1): 131-136.

[100] 汪少明, 杨丽, 杨旦修. 中国动漫公司的经营策略 [J]. 新闻界, 2009 (2): 173-174.

[101] 王缉慈, 梅丽霞, 谢坤泽. 企业互补性资产与深圳动漫产业集群的形成——基于深圳的经验和教训 [J]. 经济地理, 2008 (1): 49-54.

[102] 王家民, 孙浩章, 王丰等. 动画生态要素及陕西动漫业的健康发展 [J]. 西北大学学报 (哲学社会科学版), 2012 (5): 168-172.

[103] 王馨, 时春风. 三维动作编辑技术在动画电影中的应用研究 [J]. 当代电影, 2012 (9): 154-157.

［104］王燕玲．论网络游戏中"私服"之刑法规制［J］．暨南学报（哲学社会科学版），2013（7）：59-65.

［105］王宇红，贺瑶，殷昕．动漫产业的知识产权保护体系研究［J］．科技管理研究，2008（9）：224-228.

［106］王峥，王建一．电影与游戏影像元素的比较［J］．电影艺术，2006（2）：111-114.

［107］韦文杰．文化资源向资本转化的模式分析——基于动漫产业的经济力理论视角［J］．编辑之友，2012（5）：65-66.

［108］谢敏．动漫专业应用型人才培养模式的研究与实践［J］．山东社会科学，2015（S2）：331-332.

［109］谢毅，张红霞．网络体验和个人特征对网络服务满意度的影响——一项基于青少年网络游戏行为的实证研究［J］．经济与管理研究，2013（3）：111-120.

［110］徐金龙．"六化"：民俗文化资源到动漫产业资本的发展路径［J］．民族艺术，2015（1）：134-138.

［111］徐克，万传法，刘琬颖．内容创意离不开技术——中国3D科幻动画电影的创新与出路［J］．当代电影，2010（7）：10-12.

［112］杨海平，焦灵芝．数字内容产业技术问题研究［J］．科技与出版，2011（10）：72-74.

［113］杨庆国，陈敬良，程海燕．动漫衍生品品牌延伸战略研究——基于《喜羊羊与灰太狼》的案例分析［J］．中国流通经济，2012（2）：90-93.

［114］杨先平，杨红．我国动漫受众群体的结构分析［J］．新闻界，2012（11）：31-33.

［115］余晖，朱彤．互联网企业的梯度竞争优势——联众网络游戏成功的理论解释［J］．管理世界，2003（6）：119-127.

［116］俞小海．网络游戏外挂行为刑法评价的正本清源［J］．政治与法律，2015（6）：41-51.

［117］袁联波．电子游戏与电影产业在融合中的冲突［J］．电影艺术，2007（2）：115-117.

［118］张永忠．动漫产业知识产权保护：整体化的进路［J］．华南师范大学学报（社会科学版），2012（3）：120-124.

［119］张云苑．网络游戏开发中的特效技术综述［J］．福建电脑，2010（9）.

［120］赵俊莉，张学刚．网络电子学档运用于动漫作品评价方式的研究［J］．中国远

程教育, 2013 (2): 86-89.

[121] 赵丽敏. 来自于民间文学的动漫人物原型 [J]. 新闻界, 2013 (11): 41-42.

[122] 赵鹏. 手机网络电视带来数字化动漫广告发展的新契机 [J]. 电视研究, 2013 (12): 52-54.

[123] 钟益帆, 刘纯. 基于演化经济学的动漫品牌生成研究 [J]. 求索, 2011 (12): 26-28.

[124] 朱丹红, 吴自强, 黄凌飞. 网络游戏中的社会互动与认同 [J]. 兰州大学学报 (社会科学版), 2013 (5): 63-68.

Literature Review of Domestic and Foreign Research on Animation and Game Management

— Based on Three Dimensional Perspectives of Economy, Technology and Society

CHEN Rui, CHEN Li

Abstract: Domestic and international research on animation and game management has the features that are kernellingon management, multiple social science disciplines involved, and countermeasures-oriented. In economic dimension, studies has mainly concerned with the production operations, value chain, corporate strategy, business model, marketing, brand management, human resources, quality control, bilateral market, platform economy, entrepreneurship and innovation, enterprise clusters and other related issues; intechnical dimensions, it is mainly related to the impact of technological change on market evolution and market competition, technological development and innovation, technology – culture blend and "technology – Law" and other related issues; in social dimension, it is mainly related to cultural capital, consumer psychology, social networks, semiotics and art, intellectual property protection, social responsibility and other related issues. Overall, relevant quantitative and empirical research is rather weak, as well as the lack of a comprehensive study under the economic, technological and social integration perspective. Therefore, future research could further deepen on the integration of the three-dimensional framework of economic, technological and social.

Key words: Animation and game management; Literature review; Three-Dimensional Integrated Framework

产品开发

Product Development

创意产品开发的影响因素分析[*]

◎ 张　望[**]

摘要： 通过构建创意产品开发的三部门模型，研究发现社会资本、金融市场效率、创意资本、经济发展程度、消费者偏好、知识产权保护等是创意产品开发的重要影响因素。其中，社会资本、金融市场效率、经济发展程度有助于创意产品开发速度的提高；只有创意资本大于某一临界值时，才能促进文化创意产品开发；消费者偏好、知识产权保护与创意产品开发的关系是不确定的，依创意产品中文化含量的不同而异。在此基础上，以我国2004~2009年31个省、市、自治区的相关数据进行了实证分析。

关键词： 创意产品开发；三部门模型；影响因素

一、引言

创意产品开发是创意企业的生命线，因为创意产品一旦开发成功，获得市

* 本文是作者博士论文研究中的一部分，在此由衷感谢安同良教授与杨永忠教授对论文修改提出的诸多良好建议，文责自负。

基金项目：本研究受到国家社科基金重点项目"推动文化产业成为国民经济支柱产业研究"（项目编号：12AZD018）的资助。

** 张望：南京农业大学经济管理学院，经济学博士，讲师，研究方向：文化产品贸易，E-mail：906324660@qq.com。

场认可，既可以获得较大的竞争优势，又可以延续企业的生存发展（Kline and Fain，2001）。

在创意产品开发的诸多影响因素中，创意人才作为创意资本，其重要性首屈一指，因此，吸引创意人才和留住创意人才也就成为创意产品开发的重中之重。Zukin（1988）在分析阁楼文化时就曾谈到，由艺术家、手工艺者、设计者、音乐人和各种文化生产者形成了城市先锋，城市先锋集聚并成长为创意群体，这一群体对创意产品开发和城市创意氛围形成贡献斐然。Caves（2000）、Florida（2002，2003）等研究发现，艺术家、音乐家、作家、诗人和创新、增长或新公司的创立直接相关。国内诸多学者研究了创意人才对产品开发的积极意义，同时也发现我国创意人才的培养模式、培养内容与市场需求严重脱节，创意人才的供给数量及其结构难以适应创意产品开发的需要（王飞鹏，2009；叶振艳，2009；李洁，2009；刘卷，2009）。

经济发展程度对创意产品开发的影响也不可或缺，如 Petrov（2008）通过加拿大北部一些乡镇案例研究发现，过于单一的产业结构，不利于创意产品的开发。更多关于经济发展程度的影响是从技术角度进行分析，认为技术加快了创意产品的开发速度，催生了多样的创意产品类型。例如，Williams（1974）的研究指出，电视技术的发展催生了大量新的电视产品类型。Hesmondhalgh（2002）研究发现，数字技术的出现对音乐的审美与创意提出了更高的要求，催生了不同类型的视听产品，使文化形成与传播途径实现了融合。Staley（2003）认为，计算机和新技术的出现增强了出版品种繁多的纸质书的能力。刘奕、夏杰长（2009）通过对深圳油画创意园区的案例分析发现，由于制作技术的改进，大芬村通过专业分工与低价策略，油画艺术和油画产品都得到了较大发展。

由于创意产业在国家发展与经济增长中的特殊地位，一些学者探讨了政府公共服务在创意产品开发过程中的重要作用，尤其是知识产权保护与创意产品开发的关系。约翰·霍金斯（2006）、厉无畏（2006）都认为，知识产权保护是创意产品的根本特性，创意产业实质上是由各个建立在知识产权保护体系下的经济部门组成。Stan 等（2006）指出，互联网免费下载冲击了音乐版权保护，导致了音乐市场的不稳定状态，对音乐创作产生不利影响。Susan（2011）研究发现，由于现行版权制度对网络版权的忽略，致使对网络作品版权保护不足，网络作品创作激励不足，亟须加强网络版权建设。国内学者也研究发现，知识产权是企业创意产品开发的重要保障和法律基础（王红珊，2006；王海燕，2007；穆青，2008；王渊等，2013；颜鹏，2012 等）。但也有部分学者认为应该根据产业发展的实际情况制定合理的知识产权保护强度，为创意企业产品开发提供有效激励。如 Nagla（2010）研究发现，灵活的版权制度有助于拉近音乐家和歌迷的距离，更有利于音乐创作。李殿伟、王宏达（2008）认为，知识产权保护强度应与创意产业的发展阶段相适应，创造出合理的政策空间，促进创意产品开发。

此外，社会资本对创意产品开发也具有重要影响，如 Florida（2002，2003）研究发现，宽容度对创意人才吸引和创意产品开发具有独特的作用。Potts（2011）认为，社会网络市场是创意产业发展和创意产品开发的独特现象。而由于创意产品所包含的象征价值特征，使得消费者偏好和参与对创意产品开发影响也十分重要，Kuczmarski（1992）、Simonoff（2003）、郭萍（2005）、杨朝钧等（2010）、林明华和杨永忠（2014）都强调新的创意产品投入市场必须注意消费者的反映，根据消费者的参与体验和合作创造对创意产品做进一步的开发。

以上研究分别从创意资本、经济发展程度、知识产权保护、社会资本、消费者偏好等不同角度探讨了创意产品开发的影响因素，但存在三个方面的不足：第一，现有的研究基于产品层面的分析较少。第二，由于创意产品涉及的门类较多且个性差别较大，以往的研究均没有提出一般的分析框架与模型，只是从以往的发展经验中提出了影响创意产品开发的因素与条件。第三，创意产品有别于传统产品的一个重要特征就在于创意产品保值性较差、时效性较强，高效而发达的金融市场是创意产品开发的重要支持条件，但目前大多数文献对于这一基础条件关注较少，且无学理性证明。文章正是针对以上三点不足展开。

二、理论模型

（一）模型框架

在整个经济中存在着无数个同质的个体，经济中每个个体既是生产者又是消费者。为了分析方便，不考虑人口增长，假定经济由连续同质的家庭组成，每个家庭具有无限寿命。经济中创意资本（h）与社会资本（K_S）的供给缺乏弹性，创意资本可以有两种用途：$\mu[\mu \in (0，1)]$部分在创意概念部门从事事物本原探索的创意活动，为整个社会提出创意概念，是创意产品开发的基本源泉所在；$1-\mu$部分与社会资本（K_S）及中间产品相结合从事创意产品的生产。创意概念部门运用已有的创意资本（μh）和文化阶梯水平①（l_j）在知识产权法的保护下（φ）开发出新的文化阶梯水平（i），然后将新研究开发出来的文化阶梯注册为永久专利，并出售给下游的中间产品生产商。中间产品部门②，在区间$[0，l_j]$上存在着无数个不完全同质的中间产品生产商，第i个代表性中间产品生产商通过金融市场筹集创办企业所需的启动资金（Ω），随之以此购买新的文化阶梯（i），生产新的中间产品（$q^l_j X_{ij}$），然后将新生产的中间产品出售给创意产品生产部门。在创意产品生产部门，存在着无数个不完全同质的创意产品生产商，代表性生产商使用其拥有的社会资本（K_S）和创意资本$[(1-\mu)h]$与购买的中间产品相结合生产创意产品，其产量用Y表示。

（二）模型结构

1. 创意产品生产部门

由于对创意概念的理解及所掌握的文化阶梯的差距，创意产品生产部门由许多不完全同质的生产商构成。创意产品生产商运用已有的社会资本与创意资本及所掌握的文化阶梯进行创意产品生产，假定社会资本与中间产品投入的规模报酬不变，社会资本与创意资本的供给缺乏弹性，创意产品生产商i的总量生产函数为：

$$Y_i = AK_S^\alpha \left(\sum_{j=1}^{(1-\mu)h_i} X_{ij} \right)^{1-\alpha} \qquad (1)$$

其中，Y_i表示创意产品生产商i的创意产品产量；K_S表示创意产品生产部

---

① 本文中我们将文化阶梯定位为产品中所包含的文化因素的多寡。

② 我们这里所指的中间产品部门与一般的经济增长模型中所说的中间产品部门不同，这里的中间产品部门指的是将传统产品与新文化阶梯相结合，提供创意产品生产部门的文化"半加工品"的部门。

门所拥有的社会资本总量[①]；h_i 表示创意产品生产商 i 所掌握的创意资本的数量；α 表示社会资本的产出弹性。

为了考察 h 的影响，我们假定所有的中间产品可以用共同的计量单位来衡量，而且所有的创意产品生产商所投入相同的中间产品数量 X_i，则由式（1）可得：

$$Y_i = AK_S^{\alpha}(1 - \mu)h_i X_i^{1-\alpha} \tag{2}$$

虽然不同的创意产品生产商可以共享同一生产网络所赋予的社会资本，但由于各生产商拥有的创意资本数量及掌握的文化阶梯不同，因此各生产商所生产的创意产品所包含的创意含量及文化内涵是不同的。假定创意产品生产部门所投入的中间产品是以传统产品为基本投入要素，并将其与一定的文化内涵相结合，且每种中间产品都沿着一定的文化阶梯排列，这一阶梯成比例地分布在 $q > 1$ 的区间上，q 为文化内涵指数，即每种中间产品开发过程中，文化阶梯以 1 为起始点，后续的文化阶梯以等比形式发生。于是一种中间产品经过 l 次开发后，那么该种中间产品所能获得的文化等级为 $1, q, q^2, \cdots, q^l$。

令 X_{il} 为第 i 个中间产品生产商为生产 X_i 单位中间产品所投入的与文化阶梯 l 结合使用的传统产品数量，阶梯 l 对应的文化价值为 q^l，则当 $l = 0$ 是表示文化价值为 1 的中间产品，即原始的传统产品；$l = 1$ 表示经过一次文化开发后的中间产品，以此类推。因此，对于创意产品生产部门而言，经过文化开发后的中间产品投入量为：

$$X_i = \sum_{l=1}^{\infty} q^l X_{il} \tag{3}$$

将式（3）代入式（2）可得：

$$Y_i = AK_S^{\alpha}(1 - \mu)h_i q^{l(1-\alpha)} X_{il}^{1-\alpha} \tag{4}$$

假定当市场均衡时，厂商利润为 0，则：

$$p_{il} = (1 - \alpha)AK_S^{\alpha}(1 - \mu)h_i q^{l(1-\alpha)} X_{il}^{-\alpha} \tag{5}$$

$$X_{il} = \left[\frac{(1 - \alpha)(1 - \mu)Ah_i q^{l(1-\alpha)}}{p_{il}} \right]^{\frac{1}{\alpha}} K_S \tag{6}$$

---

① 社会资本具有地域性、团体性及不可分性，只要是这个团体的一员就可以运用整个团体所掌握的社会资本。

我们假定中间产品的生产成本为 1，即 1 单位的创意产品，则中间产品生产商的利润函数为：

$$\pi_{il} = (p_{il} - 1)X_{il} \tag{7}$$

通过利润最大化一阶条件可得：

$$p_{il} = p = \frac{1}{1 - \alpha} \tag{8}$$

将式（8）代入式（6）可得：

$$X_{il} = \left[A(1-\alpha)^2(1-\mu)h_i q^{l(1-\alpha)} \right]^{\frac{1}{\alpha}} K_S \tag{9}$$

将所有的厂商进行汇总，我们可以得到中间投入品的总量及创意产品生产部门的总产出：

$$X = \left[A(1-\alpha)^2(1-\mu)hq^{l(1-\alpha)} \right]^{\frac{1}{\alpha}} K_S \tag{10}$$

$$Y = \left[A(1-\alpha)^{2(1-\alpha)}(1-\mu)hq^{l(1-\alpha)} \right]^{\frac{1}{\alpha}} K_S \tag{11}$$

2. 中间产品部门

创意产品开发是一项挑战与机遇并存的经济活动，一方面，在利润的驱动下中间产品生产商乐于将新的创意概念引入生产实践，因为在知识产权的保护下，它将获得这一创意概念所带来的垄断利益；另一方面，中间产品生产商将创意概念开发成创意"半成品"却充满着较大的变数，因为消费者的偏好及对创意产品的接受程度是不确定的，而创意产品的保值性极差，这又使得创意产品开发的前景显得前程未卜。

联立式（7）、式（8）、式（9），可得拥有文化阶梯 l 的中间产品生产商的利润流为：

$$\pi_{il} = \frac{\alpha}{1-\alpha} \left[A(1-\alpha)^2(1-\mu)hq^{l(1-\alpha)} \right]^{\frac{1}{\alpha}} K_S \tag{12}$$

这里，我们采用生延超（2008）的假定，创意概念商业化成功的概率为 P_{il}'，$P_{il}' = Z_{il} \cdot \Phi(l)$，其中 Z_{il} 表示为了将创意概念商业化模式运营成功所投入的资源总量，$\Phi(l)$ 表示中间产品生产商的努力程度。从创意概念商业化成功概率的表达式可以看出，投入的资源总量越大，中间产品生产商的努力程度越高，创意概念商业化运营越容易成功。但商业化成功的概率是随机的，即成功概率在 t 时间内不均匀地分布，t 为创意概念所赋予某一中间产品生产商获得垄断利润的时间。我们引用生延超（2008）的假定，$P'(T)$ 为 t 的累积概率分布函数，即 $t \le T$ 的概率。概率密度函数为 $g(T) = [P'(T)] = P'_{il} \cdot \exp(-P'_{il}T)$，则在 t 时的利润期望值为：

$$E(V_{il}) = \frac{\pi_{il}}{r} \cdot P'_{il} \cdot \int_0^\infty (1 - e^{-rT}) \cdot \exp(-P'_{il}T)\,\mathrm{d}T = \frac{\pi_{il}}{r + P'_{il}} \qquad (13)$$

将式（12）代入式（13）可得：

$$E(V_{il}) = \frac{\alpha/(1-\alpha)}{r + P'_{il}}[A(1-\alpha)^2(1-\mu)hq^{l(1-\alpha)}]^{\frac{1}{\alpha}}K_S \qquad (14)$$

3. 创意概念部门

这里我们假定，创意概念部门就是向整个社会提供创意概念及与此相关的文化创意阶梯，而文化创意阶梯与一个国家或地区的创意资本数量及原有的文化创意阶梯有关。因此，文化创意阶梯的生产函数为：

$$\dot{l} = \mu h[\varphi l + \lambda B(h)(1-\varphi)l]$$

$$其中，0 \le \varphi \le 1，0 < \lambda < 1，0 < B(h) \le 1 \qquad (15)$$

其中，$\dot{l}$ 为文化创意阶梯增量；μh 为创意概念部门的创意资本数量。一个国家所拥有的文化创意阶梯存量包括两个方面：一是创意概念部门的创意人才基于本土文化所提出的创意概念，并在此基础上完善发展而成的文化创意阶梯存量 φl，φ 表示国家知识产权保护力度。二是创意产品生产商与中间产品生产商在知识外溢的作用下对于创意概念部门的创意文化阶梯的消化吸收与模仿 $\lambda B(h)(1-\varphi)l$，$1-\varphi$ 表示由于知识产权保护不利而导致的知识外溢的程度，$B(h)$ 表示学习能力，λ 表示原有的文化创意阶梯对新文化创意阶梯的贡献率。这一部分文化创意阶梯存量的大小与知识溢出的程度直接相关。特别是当 $\varphi = 1$ 时，由于知识产权保护空前严格，知识溢出完全不可能，文化创意阶梯完全依靠创意概念部门运作，靠模仿新提出的创意概念而得的文化创意阶梯存量为 0；当 $\varphi = 0$ 时，由于知识产权保护不利，知识完全溢出，文化创意阶梯增量完全依靠对已有文化创意阶梯的模仿，文化创意阶梯的存量为 $\lambda \mu h B(h)l$。

4. 家庭部门

我们假定经济中的代表性家庭是具有无限寿命的 Ramsey 家庭，其效用函数为：

$$U = \int_0^\infty [\ln C_{tr} + T_1 \ln C_Y] e^{-\rho t} dt , \quad 其中, T_1 > 1 \tag{16}$$

其中，C_{tr}、C_Y 分别表示家庭部门对于传统产品与创意产品的消费量；ρ 为时间偏好率；T_1 为家庭部门对于创意产品的偏好程度。

传统产品的生产主要是为了满足两部分的需求：一部分是为了满足家庭部门自身生存发展所需的基本生活需求；另一部分是家庭各成员在基本生活需求得到满足后对于创意产品等高级精神产品的追逐而萌生的交换需求。C_{tr}、Y_{tr}、E_{tr} 分别表示传统产品的消费量、传统产品的产量及传统产品中用于交换创意产品的部分：

$$C_{tr} + E_{tr} = Y_{tr} \tag{17}$$

物质资本的积累方程为：

$$\dot{K} = Y + F_C - C_Y \tag{18}$$

其中，F_C 表示用传统产品交换而得的创意产品数量，为了分析的方便，假定创意产品与传统产品之间有着较为稳定的交换比例关系 τ，即：

$$F_C = \tau E_{tr} \tag{19}$$

联立式（18）、式（19）可得：

$$\dot{K} = Y - \tau C_{tr} (1 - \frac{1}{\eta}) - C_Y \tag{20}$$

其中，$\eta = \dfrac{C_{tr}}{Y_{tr}}$ 定义为传统产品的需求—产出比，这一比例表示经济发展程度[①]，$\eta < 1$。η 越小，表明经济发展程度越高，对创意产品等高级精神产品的追逐成为这一阶段消费的主要特征。

由式（16）、式（20）可得代表性家庭部门的最优化问题为：

$$\max \int_0^\infty [\ln C_{tr} + T_1 \ln C_Y] e^{-\rho t} dt$$

$$s.t. \quad \dot{K} = Y - \tau C_{tr} (1 - \frac{1}{\eta}) - C_Y \tag{21}$$

由式（21）可构建汉密尔顿函数为：

$$\psi = \ln C_{tr} + T_1 \ln C_Y + \varepsilon [Y - \tau C_{tr} (1 - \frac{1}{\eta}) - C_Y] \tag{22}$$

---

① 在这里我们假定经济中不存在国际贸易部门。

由最优化一阶条件，我们可得经济的增长率为：

$$g = \frac{r - \rho}{1 + \frac{1}{T_1}(1 - \frac{1}{\eta})} \qquad (23)$$

5. 新创意概念的引入与金融市场效率

Mckinnon（1973）认为，完善而发达的金融市场是学习和开创实业的充要条件。由于实践新创意概念，开创新领域必然要面临一定的资本门槛，而资本门槛的高低将直接创意概念商业化的速度。这里我们假定创办一家中间产品生产企业所需的最基本的资本投入为 Ω_0，引入新创意概念的新进入企业需要通过外部融资来创办企业和组织生产。在这种情况下，国内金融市场的效率如何，将直接决定引入新产品的难易程度。在一些地区，金融市场效率低下，这直接反映在贷款利率（i）明显高于存款利率（r）（King and Levine，1993）。因此，由于外部融资而必须支付的利息费用的贴现值为：

$$\int_t^\infty i\Omega_0 e^{-r(s-t)}\mathrm{d}s = \frac{i\Omega_0}{r} \qquad (24)$$

这里我们假定 $i=\phi r$，$\phi>1$。ϕ 表示金融市场效率系数，其值越大，金融市场效率越低。则式（24）可以改写为：

$$\int_t^\infty i\Omega_0 e^{-r(s-t)}\mathrm{d}s = \phi\Omega_0 \qquad (25)$$

当 $\phi\Omega_0 > E(V_{il})$ 时，创业者将没有进入投资实业的冲动；当 $\phi\Omega_0 < E(V_{il})$ 时，由于受到利润激励，将有无数的创业者涌入这一行业。但金融市场在一定时期内所能提供的资金量是有限的，因此这一情况是不可持续的。若要有创业者引入新创意概念的均衡条件是：

$$\phi\Omega_0 = E(V_{il}) \qquad \text{if } \dot{l} > 0 \qquad (26)$$

联立式（14）、式（26）可得：

$$P_{il}' = \frac{\alpha/(1-\alpha)}{\phi\Omega_0}q^{\frac{l(1-\alpha)}{\alpha}}\left[(Ah(1-\mu)(1-\alpha)^2)^{\frac{1}{\alpha}}K_S - rq^{-\frac{l(1-\alpha)}{\alpha}} \right] \qquad (27)$$

为了简化分析，我们令 $\Phi(l) = q^{-\frac{l(1-\alpha)}{\alpha}}$，根据 $P_{il}' = Z_{il} \cdot \Phi(l)$，我们可以得

到资源投入总量为 $Z = \dfrac{P_{il}'}{\Phi(l)}$ ，将式（27）代入可得：

$$Z = \frac{\alpha/(1-\alpha)}{\phi\Omega_0} q^{\frac{2l(1-\alpha)}{\alpha}} \left[(Ah(1-\mu)(1-\alpha)^2)^{\frac{1}{\alpha}} K_S - rq^{-\frac{l(1-\alpha)}{\alpha}} \right] \qquad (28)$$

创意产品总产出 Y ，中间产品投入量 X 及资源投入总量 Z 都是文化内涵指数和要素数量的函数，并且 Y、X、Z 的增长率都相同，即 $g_Y = g_X = g_Z$ 。令 $T = q^{\frac{2l(1-\alpha)}{\alpha}}$ ，那么，当企业对创意概念商业化运作失败，$q^{\frac{2l(1-\alpha)}{\alpha}}$ 项并没有发生变化；当商业化运作成功，文化阶梯由 l_j 上升到 l_{j+1} ，由商业化运作成功导致该项变化的比例为 $\dfrac{2(1-\alpha)}{\alpha}\ln ql$ 。则每单位时间 T 的期望变化比例为：

$$E\left(\frac{VT}{T}\right) = \frac{2(1-\alpha)}{\alpha} \cdot \ln q \cdot P_{il}' \cdot l \qquad (29)$$

将式（15）、式（27）代入式（29）可得：

$$E\left(\frac{VT}{T}\right) = \frac{2(1-\alpha)}{\alpha}\ln q\left[\frac{\alpha/(1-\alpha)}{\phi\Omega_0}(Ah(1-\mu)(1-\alpha)^2 q^{l(1-\alpha)})^{\frac{1}{\alpha}} - r\right]$$
$$\left[\mu h(\varphi l + \lambda(1-\varphi)l)\right] \qquad (30)$$

我们假定创意概念商业化运作所需投入的资源十分巨大，且可充分可微，可使得 $E\left(\dfrac{VT}{T}\right) = g_Y = g_X = g_Z$ ，则经济的均衡增长率为：

$$g = \frac{2(1-\alpha)}{\alpha}\ln q\left[\frac{\alpha/(1-\alpha)}{\phi\Omega_0}(Ah(1-\mu)(1-\alpha)^2 q^{l(1-\alpha)})^{\frac{1}{\alpha}} - r\right]$$
$$\left[\mu h(\varphi l + \lambda(1-\varphi)l)\right] \qquad (31)$$

联立式（23）、式（31）可得：

$$g = \frac{\dfrac{2\alpha}{\phi\Omega_0}[Ah(1-\mu)(1-\alpha)^2 q^{l(1-\alpha)}]^{\frac{1}{\alpha}}K_S + \dfrac{\rho}{\vartheta}(1-\alpha)(1-2\vartheta\ln q)[\mu h(\varphi l + \lambda B(h)(1-\varphi)l)]}{\alpha + 2\vartheta(1-\alpha)\ln q[\mu h(\varphi l + \lambda B(h)(1-\varphi)l)]}$$
$$(32)$$

其中，$\vartheta = 1 + \dfrac{1}{T_1}\left(1 - \dfrac{1}{\eta}\right)$

三、比较静态分析

（一）社会资本与创意产品开发

由式（32）可知：

$$\frac{\partial g}{\partial K_S} = \frac{\dfrac{2\alpha}{\phi \Omega_0} \left[Ah(1-\mu)(1-\alpha)^2 q^{l(1-\alpha)} \right]^{\frac{1}{\alpha}}}{\alpha + 2\vartheta(1-\alpha)\ln q \left[\mu h(\varphi l + \lambda B(h)(1-\varphi)l) \right]} > 0 \qquad (33)$$

式（33）表明，社会资本越丰富，创意产品开发速度越快。首先，从需求的角度看，由于创意产品的保值性极差，消费者的偏好及对创意产品的接受程度对于创意产品开发速度至关重要，而这些都与一个地区源远流长的文化特性和社会资本存量密切相关。其次，从生产的角度看，社会资本决定了人们的思维方式与生产方式，开放包容的文化氛围能使得创业者较快吸收前卫理论，有助于创意思想的蔓延；相反，封闭排外的文化往往禁锢人们的思想，使得创意产品开发陷入创意匮乏的境地。因此，我们可以得到命题1：

命题1：社会资本有助于创意产品开发，社会资本越丰富，创意产品开发速度越快。

（二）金融市场效率与创意产品开发

由式（32）可知：

$$\frac{\partial g}{\partial \dfrac{1}{\phi}} = \frac{\dfrac{2\alpha}{\Omega_0} \left[Ah(1-\mu)(1-\alpha)^2 q^{l(1-\alpha)} \right]^{\frac{1}{\alpha}} K_S}{\alpha + 2\vartheta(1-\alpha)\ln q \left[\mu h(\varphi l + \lambda B(h)(1-\varphi)l) \right]} > 0 \qquad (34)$$

式（34）表明，金融市场效率的改善有助于创意产品开发。一个有意义的创意在发达而有效率的金融市场中，可以迅速被转化为创意产品，不仅能较好地满足消费者日益增长的精神需求，而且有助于厂商享受创意所带来的垄断利润。在利润的驱动下，可以使更多的厂商加入这一行业，通过对已有文化创意阶梯的消化吸收与模仿，加快创意产品的更新换代，从而对在位厂商的垄断地位形成冲击，使得所有厂商都有创意商业化的动力，进一步加快创意产品开发速度。于是，我们可以得到命题2：

命题2：金融市场效率与创意产品开发速度密切相关，高效而发达的金融市场有助于创意产品开发快速发展；相反，低效而不健全的金融市场将使得创意产品开发停滞不前。

(三) 创意资本与创意产品开发

由式（32）可知：

$$
\frac{\partial g}{\partial h} = \frac{\dfrac{2\alpha}{\phi\Omega_0 h}\left[Ah(1-\mu)(1-\alpha)^2 q^{l(1-\alpha)}\right]^{\frac{1}{\alpha}}K_S + \dfrac{\alpha\rho}{\vartheta}(1-\alpha)(1-2\vartheta\ln q)\left[\mu(\varphi l + \lambda B(h)(1-\varphi)l)\right]}{\left[\alpha + 2\vartheta(1-\alpha)\ln q(\mu h(\varphi l + \lambda B(h)(1-\varphi)l))\right]^2}
$$

$$(35)$$

式（35）表明，创意资本对于创意产品开发的作用是不确定的，当 $h \geq$

$$
\left[\frac{\rho(1-\alpha)^{\frac{\alpha-2}{\alpha}}(2\vartheta\ln q - 1)(\mu(\varphi l + \lambda B(h)(1-\varphi)l))}{\dfrac{2\vartheta}{\phi\Omega_0}(A(1-\mu)q^{l(1-\alpha)})^{\frac{1}{\alpha}}K_S}\right]^{\frac{\alpha}{1-\alpha}} \text{ 时，} \frac{\partial g}{\partial h} > 0; \text{ 当 } h <
$$

$$
\left[\frac{\rho(1-\alpha)^{\frac{\alpha-2}{\alpha}}(2\vartheta\ln q - 1)(\mu(\varphi l + \lambda B(h)(1-\varphi)l))}{\dfrac{2\vartheta}{\phi\Omega_0}(A(1-\mu)q^{l(1-\alpha)})^{\frac{1}{\alpha}}K_S}\right]^{\frac{\alpha}{1-\alpha}} \text{ 时，} \frac{\partial g}{\partial h} < 0\text{。由此可}
$$

以看出，创意资本只有积累到一定程度才能促进创意产品开发。这主要是因为，随着创意产品中文化内涵的深入与生产的复杂性，创意产品生产更多地表现为集成劳作的特点，这一方面从创意的源泉看，一个人所能汲取的文化与思想是有限的，但来自不同地区与不同文化背景的创意人才则可以给予不同的创意思路，有助于文化创意概念阶梯不断升级；另一方面，从创意产品生产的角度看，多样的创意人才相互协作可以取长补短，增加文化内涵的含量与创意的含金量，增强创意产品的竞争力。于是，我们可以得到命题3：

命题3：创意资本与创意产品开发的关系是不确定的，只有当创意资本存量大于某一临界值时，创意资本才能促进创意产品开发；否则，创意资本将阻碍创意产品开发。

(四) 经济发展程度与创意产品开发

由式（32）可知：

$$\frac{\partial g}{\partial \frac{1}{\eta}} = \frac{\frac{(1-\alpha)\mu h \Im}{T_1}\left\{\frac{\alpha\rho}{\vartheta^2} + \frac{2\rho\mu h \Im \ln q (1-\alpha)}{\vartheta}(2-\alpha-2\vartheta\ln q) + \frac{2\alpha(1+2\ln q)}{\phi\Omega_0}\left[Ah(1-\mu)(1-\alpha)^2 q^{l(1-\alpha)}\right]^{\frac{1}{\alpha}}K_S\right\}}{\left[\alpha + 2\vartheta(1-\alpha)\ln q(\mu h \Im)\right]^2} > 0,$$

其中 $\Im = \varphi l + \lambda B(h)(1-\varphi)l$ (36)

由式（36）可知经济发展程度与创意产品开发呈正相关关系，即经济发展程度越高，创意产品开发速度越快。这主要是因为文化含量较大的文化创意产品多发源于创意活动较为频繁的地区，而传统产品难以满足消费者日益增长的物质文化需要和精神文化需求，这为创意产品开发提供了市场空间，并指明了发展方向。而随着文化创意元素与传统产品结合日趋紧密，一方面，满足了消费者日益强烈的个性化需求；另一方面，由于文化附加值的增加，提高了创意产业的投资回报率，坚定了投资者的信心，从而也加快了创意产品的开发速度。于是我们可以得到命题 4：

命题 4：经济发展程度与创意产品开发呈正相关关系，即经济发展程度越高，创意产品开发速度越快。

（五）消费者偏好与创意产品开发

由式（32）可知：

$$\frac{\partial g}{\partial T_1} = \frac{\frac{\rho(1-\eta)}{\vartheta T_1^2}(1-\alpha)\left[\mu h(\varphi l + \lambda B(h)(1-\varphi)l)\right]\left[\frac{\alpha}{\vartheta} + (3-2\vartheta\ln q)\ln q(\mu h(\varphi l + \lambda B(h)(1-\varphi)l))\right]}{\left[\alpha + 2\vartheta(1-\alpha)\ln q(\mu h(\varphi l + \lambda B(h)(1-\varphi)l))\right]^2}$$

(37)

由式（37）可知，消费者偏好对于创意产品开发的作用是不确定的，它与创意产品中文化含量的多少密切相关。当 $1 < q \leqslant e^m$，$\frac{\partial g}{\partial T_1} > 0$，其中 $m = \frac{\alpha + 3\vartheta\ln[\mu h(\varphi l + \lambda B(h)(1-\varphi)l)]}{2\vartheta^2\ln[\mu h(\varphi l + \lambda B(h)(1-\varphi)l)]}$，这主要是因为随着经济发展程度的提高，一方面传统产品的供过于求的状况为创意产品开发"腾"出了市场空间，另一方面也为创意产品开发积累了资本。若创意产品中文化含量较低时，在传统产品需求基本得到满足的情况下，创意产品会在需求的驱动下加速发展。相反，当 $q > e^m$ 时，$\frac{\partial g}{\partial T_1} < 0$，即当创意产品中文化含量较高，消费者对于创意产品的偏好越高，创意产品开发速度越慢。这主要是两方面的原因：其一，要不断满足消费者日益增长的对文化含量较高的创意产品的需求，需要积累更多的创意资本与社会资本，但这些要素的积累相对于消费者的偏好具有时滞性，因此要素积累与创意产品开发要求的不同步性在一定程度上制约了创意产品的更新换代。其二，由于需求未能及时得到满足，与此相伴的是消费者逐渐降低了对于创意产品及创意产业评价，从而创意产业投资回报率下降，投资额减少，创意产品开发后劲乏力。于是，我们可以得到命题5：

命题5：消费者偏好对于创意产品开发的作用是不确定的，它与创意产品中文化含量的多少密切相关。若创意产品中文化含量较低时，创意产品开发会在需求的驱动下加速发展；当创意产品中文化含量较高，消费者对于创意产品的偏好越高，创意产品开发速度越慢。

（六）知识产权保护与创意产品开发

由式（32）可知：

$$\frac{\partial g}{\partial \varphi} = \frac{\frac{\alpha \rho}{\vartheta}(1-\alpha)(1-2\vartheta \ln q)((1-\lambda B(h))\mu l h)}{[\alpha + 2\vartheta(1-\alpha)\ln q(\mu h(\varphi l + \lambda B(h)(1-\varphi)l))]^2} \qquad (38)$$

由式（38）可知，知识产权保护对于创意产品开发的作用是不确定的，依创意产品中文化含量的不同而异。当 $1 < q \leq e^{\frac{1}{2\vartheta}}$ 时，$\frac{\partial g}{\partial \varphi} > 0$；当 $q > e^{\frac{1}{2\vartheta}}$ 时，$\frac{\partial g}{\partial \varphi} < 0$。这主要是因为，当创意产品中文化含量较低时，创意产品往往采取创意人员单枪匹马的开发模式。严格的知识产权保护有助于保障创意人员的收益，强化创意的经济价值与市场价值，有助于吸引更多的人才与物质资本投入到创意产品开发中来，加快创意产品的开发速度。但随着创意产品中文化内涵的深入及文化创意阶梯的升级，单枪匹马的开发模式显得越来越不合时宜，此时需要更多的创意人员，更多的社会资本来提升文化创意阶梯，加快创意产品的开发速度。但过于严苛的知识产权保护却阻碍了这一进程的发生，文化知识外溢效应非常有限，难以为创意产品开发提供足够的制度支持与要素支持，创意人员

孤掌难鸣。于是，我们可以得到命题6：

命题6：知识产权保护对于创意产品开发的作用是不确定的，依创意产品中文化含量的不同而异。当创意产品中文化含量较低时，严格的知识产权保护有助于加快创意产品开发速度；当创意产品中文化含量较高时，严格的知识产权保护将不利于创意产品开发速度的提高。

四、实证分析

（一）变量定义及数据选择

数据集合来自国研网宏观经济数据库中关于2004~2009年我国31个省、市、自治区的相关数据。为了考察各要素对创意产品开发的影响在全国范围与各地区是否有不同的表现，本书进一步将样本数据分为6个数据集合。按照一般的分组方法，华北地区包括北京、天津、河北、山西、内蒙古5个省市（自治区）；东北地区包括辽宁、吉林、黑龙江3个省市；华东地区包括上海、江苏、浙江、安徽、福建、江西、山东7个省市；中南地区包括河南、湖北、湖南、广东、广西、海南6个省市（自治区）；西南地区包括重庆、四川、贵州、云南、西藏5个省市（自治区）；西北地区包括陕西、甘肃、青海、宁夏、新疆5个省市（自治区）。各地区各数据指标选取如下：

1. 创意产品开发总量（Y）

由于创意产业在我国尚属新兴产业，统计部门中尚缺乏针对这一部门专门创意产品开发的统计数据。考虑到数据的连续型，我们选取2004~2009年各地区文化、体育、娱乐行业的总产值数据作为创意产品开发总量的替代。由于年鉴中的数据是由当年价格计算的价值总额，考虑到消除价格因素变量的连续性和可比性，我们这里采用GDP平减指数（$P_{2004} = 100$）来消除价格因素。

2. 社会资本（k^s）

关于社会资本的内涵及度量方法学界尚无达成共识，较为通用的概念是边燕杰、丘海雄（2000）所提出的，社会资本是行动主体与社会的联系及通过这种联系摄取稀缺资源的能力。从这一概念中，可以发现社会资本一方面强调社会团体的规模；另一方面注重加入团体之后，微观个体所能享受的权利。据此，我们认为社会资本的计算公式为：

$$k^s = \sqrt{kz \times dp}$$

其中，kz 表示加入基层组织的人数；dp 表示基层组织所受理的劳动争端案件数。

3. 金融市场发展指标（fin）

衡量金融市场发展状况的代表性指标主要有麦氏指标和戈氏指标两种。麦氏指标为广义的货币存量与 GDP 的比率，即 M_2/GDP。戈氏指标又称金融相关比率，是一国全部金融资产价值占 GDP 的比重（李金昌、曾慧，2009）。在实际分析中，由于无法收集各地区实际的 M_2 值，因此较多学者选择戈氏指标进行研究，如周立和王子明（2002）、陆文喜和李国平（2004）、李金昌和曾慧（2009）都采用了这一方法。但戈氏指标的一个重要缺陷在于其以金融资产的总量来衡量金融市场发展状况，而忽略了金融资产结构也是反映金融市场发展状况的重要指标。我国目前处于转型背景下，非国有部门与国有部门地位不对等问题长期存在，在间接融资方面这一问题表现得尤为突出。由此可见，以全社会金融资产的总量占经济总量的比重难以全面反映金融市场发展状况。因此，本文采用于凌云（2008）以非国有部门贷款与 GDP 之比来衡量金融市场发展状况。

4. 创意资本（hc）

我们采取 Florida（2008）的估计方法，用人力资本来近似替代创意资本。这里我们采用于凌云（2008）的方法计算各地区人力资本总量，即各类受教育人口的人力资本之和，其中，各类受教育人口人力资本分别以初等教育（设定教育年限为 6 年，主要指小学阶段）、中等教育（设定教育年限为 12 年，包括初中、高中与中专）及高等教育（设定教育年限为 16 年以上，为大专及以上文化程度）的社会收益率乘以相应的教育年限，采用分段函数进行加总而得。其中，各级受教育人口的社会收益率采用 Hossain（1997）对中国 1993 年各级教育的社会收益率的估算标准[①]。

5. 经济发展阶段（gx）

在这里我们用各地区第三产业的产值占各地区经济总量的比值来表示经济

---

① 于凌云. 教育投入与地区经济增长差异 [J]. 经济研究，2008（10）：131-143.

的发展阶段。当经济发展处于初级阶段，第三产业的产值比例相对较低；当经济发展处于高级阶段，第三产业的产值比例相对较高。

6. 消费者偏好（pref）

这里我们用各地区消费者用于文化教育娱乐服务的支出占总消费支出的比重来表示消费者的偏好。其值越大，表示消费者对于创意产品的偏好程度较高；其值越小，表示消费者对于创意产品的偏好程度较低。

7. 知识产权保护强度（protect）

关于知识产权保护强度的计算，Ginarte-Park 指数已被大量的研究所采用。但许春明、单晓光（2008）认为，Ginarte-Park 指数能够比较好地反映司法体系完善的西方发达国家的知识产权保护强度，但对于大多数处于转型进程中立法与司法不同步的发展中国家而言，这一指数并不能全面反映发展中国家的实际知识产权保护强度，从而指出实际知识产权保护强度应该包括立法强度与执法强度两部分，其公式表示为：protect = zl（立法强度）× et（执法强度）。我们根据许春明、单晓光（2008）所提出的方法及相应的指标，计算了2004~2009 年，中国整体及 31 个省市的知识产权保护强度。

（二）计量模型

在前文理论模型分析及变量定义的基础上，我们将计量模型设定为：

$$Y_{i,t} = c + k_{i,t}^s + fin_{i,t} + hc_{i,t} + gx_{i,t} + pref_{i,t} + protect_{i,t} + \mu_{i,t}$$

其中，i 表示各地区，t 表示时间（2004~2009 年），c 表示截距，μ 为随机扰动项。

（三）估计结果

根据前述的指标选取以及计量模型，模型的实证结果见表1[①]。

表1　全国各区域文化创意产品开发影响因素

解释变量	全国	华北	东北	华东	中南	西南	西北
常数项	-1.763 *** (1.558)	8.641 *** (2.308)	—	2.901 *** (1.333)	-5.493 *** (1.947)	1.761 *** (2.072)	-5.380 *** (0.804)

① 我们在方程的估计过程中，对模型中不显著的变量进行剔除，表1中为剔除后的估计结果。

续表

解释变量	全国	华北	东北	华东	中南	西南	西北
k_s	0.099 *	0.498 ***	0.041 **	0.783 ***	0.444 ***	0.200 **	0.015 **
	(0.056)	(0.085)	(0.017)	(0.135)	(0.118)	(0.072)	(0.077)
fin	0.662 ***	1.508 ***	4.083 ***	6.074 ***	2.416 ***	0.467 ***	0.251 **
	(0.134)	(0.472)	(0.485)	(0.933)	(0.588)	(0.136)	(0.101)
hc	0.835 ***	—	0.002 ***	4.997 ***	1.189 ***	0.250 **	1.041 ***
	(0.091)		(0.0004)	(0.595)	(0.174)	(0.115)	(0.096)
gx	1.737 ***	0.723 *	0.0002 ***	3.020 ***	1.861 ***	2.109 ***	2.721 ***
	(0.113)	(0.390)	(0.0001)	(0.226)	(0.323)	(0.186)	(0.328)
$pref$	0.375 ***	1.303 ***	19.441 *	−0.905 ***	−0.865 ***	—	1.537 ***
	(0.101)	(0.224)	(9.330)	(0.112)	(0.196)		(0.265)
$protect$	0.107 *	3.332 ***	0.175 ***	−1.132 ***	−4.378 *	0.127 *	12.376 ***
	(0.302)	(9.862)	(0.035)	(0.545)	(0.779)	(0.289)	(3.827)
$Adj \cdot R^2$	0.956	0.768	0.918	0.998	0.995	0.988	0.822
样本数	186	30	18	42	36	30	30

注：①括号内的数值为标准差。

②* 、** 、*** 分别表示在 1%、5% 和 10% 的水平上显著。

从表 1 中可以看出：

第一，社会资本有助于创意产品开发。无论是放眼全国，还是着眼于某一区域，社会资本对于创意产品开发都起着积极的正向作用。其中，华北、华东、中南地区，社会资本对创意产品开发的贡献率相对较高，分别达到了 0.498%，0.783%，0.444%，而其余几个地区社会资本对于创意产品开发的贡献相对较小。这主要和各区域社会资本的结构有关①。由于华北、华东、中南地区都为经济发达地区，经济自由化程度和市场化程度较高，因此社会资本结构偏关系资本，创意产品开发往往能够得到较快发展；而全国其他地区由于历史原因，经济自由化程度和市场化程度较低，社会资本的结构偏制度资本，创

---

① 安尼鲁德·克里希纳在《创造与利用社会资本》中将社会资本分为制度资本与关系资本两类。根据他的解释，制度资本与促进互利集体行动开展的结构要素有关，如作用、规则、程序和组织；关系资本涉及与他人合作中影响个人行动的价值观、态度、准则和信念。

意产品开发的选择往往取决于政府的意志，由于所选的产业无法与区域业已形成的关系资本融合，制约了创意产品的开发。

第二，金融市场效率是创意产品开发的重要因素。无论是在全国范围还是各区域，金融市场效率对于创意产品开发的提升作用都十分明显。就全国而言，金融市场效率每提高 1%，创意产品开发速度将提高 0.662%。其中华北、东北、华东、中南地区金融市场效率对创意产品开发的贡献率较高，分别达到 1.508%、4.083%、6.074%、2.416%，西北地区和西南地区也分别达到 0.251%、0.467%。这说明，我国金融市场有效协调了创意产业各利益主体的关系，为创意的产业化、市场化提供了支持。

第三，由于创意资本的存量日渐增加，创意资本对创意产品开发的促进作用日益凸显。就全国而言，创意资本存量每增加 1%，创意产品开发速度将提高 0.835%。从各主要区域看，创意资本对于创意产品开发促进作用较大的地区是华东和中南地区，其贡献率分别高达 4.997%、1.189%。这主要是因为华东、中南地区具有良好的人文气息，再加上日益完备的人才引进和配套措施，这些地区相对于其他地方更容易吸引到创意人才，创意产品开发所需的创意资本临界值往往更容易达到，也较容易形成创意产品开发的繁荣格局。

第四，经济发展程度与创意产品开发速度呈现较为明显的正相关关系。从全国范围看，经济发展程度每增加 1%，创意产品开发速度就提高 1.737%。从各主要区域看，华东地区、西南地区、西北地区的经济发展程度对创意产品开发贡献率较大，其弹性系数分别高达 3.020、2.109、2.721。这主要是因为，华东地区经济发展水平高，产业结构合理，各产业的协同性较高，推动了文化创意产业的长足发展。西南、西北地区由于利用了本区域较为特殊的文化底蕴，构建了颇具特色的文化旅游、民族旅游，增加了创意产品的文化价值与品牌价值，较好地迎合了消费者追求新奇的心理，使得创意产品开发获得了较快的成长。

第五，由于各地区创意产业发展水平的差异，消费者偏好与创意产品开发速度的关系不确定。从全国范围看，当消费者偏好每增加 1%，创意产品开发速度将提高 0.375%。这表明消费需求对推动我国创意产业发展与创意产品升级具有积极影响，但也在另一侧面反映我国大部分地区创意产品的文化含量较低，仍有较大的提升空间。华东地区和中南地区消费者偏好与创意产品开发速度呈现出负相关关系，弹性系数分别为-0.905%、-0.865%，这主要是因为这两个地区的创意产品文化含量较高，而目前这两个地区的要素禀赋尚不足以支持创意产品开发速度的进一步提升，这也说明了这些区域消费者偏好的提高对创意产品的开发提出了更高的要求。

第六，知识产权保护与创意产品开发速度的关系不确定。从全国范围看，知识产权保护强度每增加1%，创意产品开发速度会上升0.107%，这主要是因为目前我国大多数地区的创意产品较为初级，加强知识产权保护有利于保护创意企业的利益，鼓励更多的企业从事创意产品开发，提高创意产品品质。在主要区域中，华东地区和中南地区的知识产权保护与创意产品开发速度呈现负相关关系，即这两个地区知识产权保护强度每上升1%，创意产品开发速度会分别下降1.132%、4.378%，说明这些地区创意产品中文化含量较高，目前严格的知识产权保护反而可能会限制文化知识的外溢和分享，从而不利于创意产品开发速度的提高。

五、启示

基于以上研究，可以发现社会资本、金融市场效率、创意资本、经济发展程度、消费者偏好、知识产权保护是创意产品开发的重要影响因素。其中，社会资本，金融市场效率，经济发展程度有助于创意产品开发速度的提高；只有创意资本大于某一临界值时，才能促进文化创意产品开发；消费者偏好，知识产权保护与创意产品开发的关系是不确定的，依创意产品中文化含量的不同而异。以上分析提供了以下启示：

1. 加快要素积累和建设

创意资本是创意产品开发的重要因素，只有当创意资本积累到一定量的优势，创意资本才能发挥其促进创意产品开发的效能，因此如何引进创意资本并使其扎根于本区域是创意产品开发的先决条件。由于历史的原因，在全国的大多数地区，社会资本构成中制度资本的比例大，关系资本的比例小，这也在一定程度上限制了创意产品的开发，因此如何增大关系资本作用、降低制度资本影响，是社会资本结构性调整的重要方向。金融因素在创意产业成长过程中扮演了重要作用，相对而言，我国西北地区、西南地区等经济欠发达地区更需要提升金融市场对创意产业的支撑作用。

2. 重视消费偏好

理论和实证分析都证明，消费者的偏好对于创意产品开发的作用具有不确定性，依创意产品中文化含量的不同而异。因此，针对文化含量较低的创意产品市场，应激发消费者需求，加快创意产品的开发；而对文化含量较高的创意产品市场，则应更加深入地研究消费者的偏好，加强创意产品供给侧结构性改革，更好地满足日益提升、日益个性化的消费者需求。

3. 建立更加灵活的知识产权保护

从前文的理论分析可以看出，知识产权保护对于创意产品开发的作用是不确定的，而实证分析的结果也表明，由于各地区创意产业类型不尽相同，创意产品开发程度也有很大的差异，因而对知识产权保护的需求也有较大差异。因此，应根据本区域创意产品开发的实际，因地制宜，建立更加灵活的知识产权保护体系，通过严格或分享的知识产权激励，推动创作者的创造和合作创造，更加具有针对性地促进创意产品开发。

参考文献

[1] Caves. Creative Industries: Contracts between Art and Commerce [M]. Cambridge: Harvard University Press, 2000.

[2] Florida. The Economic Geography of Talent [J]. Annals of the Association of American Geographers, 2002 (92): 743-755.

[3] Florida. Gay-tolerant Societies Prosper Economically [EB/OL]. www.usatoday.com, 2003.

[4] Florida, et al. Inside the Black Box of Regional Development—Human Capital, the Creative Class and Tolerance [J]. Journal of Economic Geography, 2008 (8): 615-649.

[5] Hesmondhalgh D. The Cultural Industries [M]. London: Sage Publications, 2002.

[6] Hossain, Shaikh I. Making Education in China Equitable and Efficient [R]. World Bank PolicyResearch Working Paper, 1997 (1814).

[7] Kline, Fain. Perceived Effectiveness of Creative New Product Development in Virtual Teams [J]. Teorija in Praksa, 2001, 48 (6): 1666-1694.

[8] King R., Levine R. Finance, Entrepreneurship and Growth: Theory and Evidence [J]. Journal of Monetary Economics, 1993, 32 (3): 513-542.

　　［9］Kuczmarski T. D. Managing New Product: the Power of Innovation (2nd edition)
［M］. Englewood Cliffs, NJ: Prentice-Hall, 1992.

　　［10］Mckinnon R. Monetary and Capital in Economic Development ［M］. Washington:
Brookings Institute, 1973.

　　［11］Nagla Rizk. Notes from Egypt's Alternative Music Scene: Business Models, Commons
and Copyright ［J］. The Journal of World Intellectual Property, 2010, 13 (3): 474-501.

　　［12］Petrov. Talent in the Cold? Creative Capital and the Economic Future of the Canadian
North ［J］. Arctic, 2008, 61 (2): 162-176.

　　［13］Potts J. Creative Industries and Economics Evolution ［M］. United Kingdom: Edward
Elgar, 2011.

　　［14］Pratt, Andy, Gill, et al. Work and the City in the E-society: A Critical Investigation of
the Sociospatially Situated Character of Economic Production in the Digital Content Industries in the
UK ［J］. Information, Communication and Society, 2007 (10): 922-942.

　　［15］Simonoff J. S. , Lan Ma L. An Empirical Study of Factors Relating to the Success of
Broadway Shows ［J］. Journal of Business, 2003, 76 (1): 135-150.

　　［16］Susan Corbett. Creative Commons Licences, the Copyright Regime and the Online Com-
munity: Is there a fatal Disconnect ［J］. The Modern Law Review, 2011, 74 (4): 503-531.

　　［17］Staley D. J. The Future of the Book in a Digital Age ［J］. Futurist, 2003, 37 (5):
18-22.

　　［18］Stan J. Liebowitz, Richard Watt. How to Best Ensure Remuneration for Creators in the
Market for Music? Copyright and Its Alternatives ［J］. Journal of Economic Surveys, 2006, 20
(4): 513-544.

　　［19］Williams R. Television: Technology and Culture Form ［M］. London: Fontana, 1974.

　　［20］Zukin S. Loft Living Cultural and Capital in Urban Change ［M］. London:
Radius, 1988.

　　［21］边燕杰, 丘海雄. 企业社会资本及其功效 ［J］. 中国社会科学, 2000 (11):
87-99.

　　［22］郭萍. 现代企业实施新产品开发的步骤 ［J］. 合作经济与科技, 2005 (2):
22-23.

　　［23］李殿伟, 王宏达. 创意产业知识产权保护的内在机理与对策 ［J］. 科技进步与对
策, 2009 (8): 54-56.

　　［24］李洁, 彭家虹. 动漫创意产业人才培养的探讨 ［J］. 电影评介, 2009 (14): 72.

［25］刘卷. 基于创意产业的艺术设计专业创新型人才培养研究［J］. 艺术与设计（理论），2009（9）：193-194.

［26］林明华，杨永忠. 创意产品开发模式［M］. 北京：经济管理出版社，2014.

［27］厉无畏. 创意产业导论［M］. 北京：学林出版社，2006.

［28］陆文喜，李国平. 中国区域金融发展的收敛性分析［J］. 数量经济技术经济研究，2004（2）：125-128.

［29］李金昌，曾慧. 基于金融市场发展的 FDI 溢出与经济增长关系：省际面板数据研究［J］. 统计研究，2009（3）：30-37.

［30］刘奕，夏杰长. 全球价值链下服务业集聚区的嵌入与升级——创意产业的案例分析［J］. 中国工业经济，2009（12）：56-65.

［31］穆青. 浅谈文化创意发展中的知识产权管理［J］. 法制天地，2008（9）：38-39.

［32］生延超. 要素禀赋、中间产品扩张与后发技术赶超［J］. 财贸经济，2008（3）：9-12.

［33］王飞鹏. 文化创意产业发展与创意人才开发研究［J］. 未来与发展，2009（7）：19-22.

［34］王红珊. 知识产权保护与发展创意产业——知识产权与创意产业国际论坛综述［J］. 上海商学院学报，2006（1）：58-60.

［35］王海燕. 创意产业发展的知识产权保护［J］. 特区经济，2007（1）：250-251.

［36］王渊，唐治国. 甘肃文化创意产业的知识产权保护研究［J］. 西部法学论坛，2013（3）：84-88.

［37］许春明，单晓光. 中国知识产权保护强度指标体系的构建及验证［J］. 科学学研究，2008（4）：715-723.

［38］杨朝钧，虞孝成，黄邦宁. 企业新产品开发模式之构架与实证研究［J］. 科技管理研究，2010（S1）：294-298.

［39］约翰·霍金斯. 创意经济——如何点石成金［M］. 上海：上海三联书店，2006.

［40］于凌云. 教育投入与地区经济增长差异［J］. 经济研究，2008（10）：131-143.

［41］颜鹏. 我国创意产业的知识产权保护研究［J］. 法学研究，2012（6）：147-148.

［42］叶振艳. 关于创意产业人才培养现状的思考［J］. 艺海，2009（7）：152.

［43］周立，王子明. 中国各地区金融发展与经济增长实证分析：1978-2000［J］. 金融研究，2002（10）：1-13.

［44］杨永忠，林明华. 文化经济学［M］. 北京：经济管理出版社，2015：1-7.

The Influential Factors Influencing the Development of Creative Products

ZHANG Wang

Abstract: By establishing the three-sector model of the development of creative products, it shows that the significant factors in fluencing the product development, such as social capital, efficiency of the financial market, creative capital, the degree of economic development, consumers' preferences, intellectual property right protection, etc. In detail, social capital, efficiency of the financial market and the degree of economic development contribute to the speed improvement of the development of creative products. Only when the quantity of creative capital comes to the critical value, can creative capital play the positive role in the development of creative products. Consumers' preferences, the degree of economic development and intellectual property rights protection exerts an ambiguous influence on the development of creative products, while it differs in accord with the cultural ingredients of the creative products. According to the results above, it makes the empirical analysis by the data collected from the 31 provinces, cities and autonomous regionsin mainland China from 2004 to 2009.

Key words: Development of creative products; Three - sector model; Influencing factors

创意产品开发模式的实证研究[*]

◎ 林明华[**]

摘要：在修正创意产业价值链的基础上，提出并简析创意产品开发的基本模式，之后利用内容分析法对我国代表性创意企业的创意产品开发模式分布进行实证分析。研究表明，我国创意企业充分利用了不同类型的创意产品开发模式开发创意产品。其中，内容创意驱动型和文化资源驱动型创意产品开发模式应用最多，而生产制造驱动型、消费者驱动型及市场推广驱动型创意产品开发模式应用并不多，尤其是市场推广驱动型创意产品开发模式。

关键词：创意产品；产品开发；内容分析法

一、引言

文化是新一轮经济增长的重要推进器。2011 年《国家"十二五"规划纲

---

* 本文建立在《创意产品开发模式》相关内容基础上，在方法的选择和应用分析上受四川大学管理科学与工程系贺昌政教授的认同和推崇，建议进一步整理刊登于此，作者致以诚挚地感谢。

基金项目：四川省教育厅人文社科重点研究基地四川动漫研究中心资助项目"四川动漫产业竞争力的提升路径与对策研究"（项目编号 DM201416）；四川省教育厅项目（特色文化产业科技创新能力的评价与培育研究：以四川省为例）（15SB119）。

** 林明华：四川理工学院经济与管理学院，管理学博士，讲师，研究方向：文化经济与创意管理，E-mail：584165615@ qq. com。

要》中明确提出："推动文化产业成为国民经济支柱性产业"的战略目标。创意产业作为文化产业新一轮发展的重要引擎，在推动文化产业成为国民经济支柱性产业发展中具有重要的战略意义。创意产业的蓬勃发展离不开众多创意企业持续发展，而创意企业的发展则需要它们持续不断地成功研发出新的创意产品。因此，有必要深入研究创意产品开发的一般性规律特别是创意产品开发的基本模式。

论文在修改创意产业价值链的基础上，提出创意产品开发模式，随后采用内容分析法对我国代表性创意企业的创意产品开发模式分布进行实证分析，最后进行小结。

二、创意产品开发模式的提出

产业价值链的形态并不是唯一的，由于不同的行业特性不一样，其产业价值链的构成也往往存在差异。Brecknock（2004）指出，传统价值链是设计（Design）、生产制造（Manufacture）、分销（Distribute）、推广（Market）和消费（Consume）等环节依次推进的线性过程。针对创意产业的特点，邢华（2009）认为，创意产业价值链的结构表现为线性价值链和网状价值链两种形式，其中，线性价值链由基础研发、技术集成、内容制作、产品运营、版权贸易等关键环节构成；网状价值链是以创意为中心，不同分工的创意产业相互关联形成网状产业链结构。郑文文（2009）认为，创意产业价值链是指以人的创意为根本，以实现创意产品及其相关产品价值增值最大化为目的，以创意产品为核心，确保创意价值、信息、资金等资源在整个价值链上畅通流动，由创意企业及其相关企业所形成的紧密合作的制作——服务型的企业价值网链结构。目前国内引用较多的是厉无畏（2006）提出的创意产业的基本价值链。他认为，创意产业的基本价值链由内容创意、生产制造、营销推广、传播渠道和消费者环节构成，各个环节的关系如图 1 所示。

图 1　创意产业的基本价值链

笔者认为，这一创意产业的基本价值链有待进一步丰富。首先，针对创意产业的特征，可以更加充分突现"文化资源"在整个创意产业价值链上的重要性。综合现有国内外研究，创意产业与其他产业不同的最大特征在于，创意产业中的"创意"是文化创意，它建立在"文化资源"的基础上。不同的文化资源，对创意产业价值链的形成与发展会产生不同的影响，对创意产业价值链的特征会产生重要影响。虽然创意产业的基本价值链提出了内容创意，其"内容"含义与文化资源有密切关系，但其主要强调的还是"创意"，并不足以彰显文化资源自身的特征和差异性在创意产业价值链中的重要作用。因此，有必要在创意产业基本价值链中，单独增加"文化资源"这一重要环节。

其次，将营销推广和传播渠道分成两个环节，在实际的分析中存在局限。根据传统的营销4P理论，营销推广和传播渠道是统一在不可分割的同一个营销环节中，营销推广和传播渠道都是连接生产企业与消费者的相互融合的中间环节。郭新茹和顾江（2009）在基于价值链视角研究文化产业盈利模式时，就将这两个环节合并在一起，称之为"市场推广"环节。此外，营销部分如果只列出营销推广和传播渠道，从4P理论体系而言，也容易让人产生忽略价格策略等其他重要营销内容的误解。因此，将营销推广和传播渠道整合到一个环节，更有利于理解和分析创意产业的价值链分布。

综上所述，沿用厉无畏（2006）创意产业价值链的基本思路，结合创意产业的特征，本文认为，修正后的创意产业价值链是由文化资源、内容创意、生产制造、市场推广、消费者五个环节构成（见图2）。其中，文化资源是创意产品也是整个创意产业价值链的基础和灵魂；内容创意是创意形成环节，在这一环节中，创意阶层将文化资源转化成可以用语言或符号描述的内容，是整个创意产业价值链的关键环节；生产制造是将内容创意转化成产品或服务的环节，通过技术、工艺等生产手段规模化生产创意产品；市场推广是创意产品文化价值再发现、创意产品价值再创造环节；创意产品价值必须与消费者的观念价值相一致，否则创意产品价值将大打折扣，因此，消费者是创意产业价值链最终决定环节。这五个环节紧密联系、相互作用，共同推动创意产业的持续发展。

图2 修正后的创意产业价值链

由文化资源、内容创意、生产制造、市场推广、消费者五个环节构成的创意产业价值链反映了创意产品价值的来源、形成、创造到最后实现的整个过程，也反映了创意产品开发的整个过程。在单个创意产品开发时，由于创意企业自身特征的差异性，其聚焦点并不一样，其焦点或在文化资源环节，或在内容创意环节，或在生产制造环节，或在市场推广环节，或在消费者环节，从而构成了五种不同驱动型的创意产品开发模式，即文化资源驱动型创意产品开发模式、内容创意驱动型创意产品开发模式、生产制造驱动型创意产品开发模式、市场推广驱动型创意产品开发模式及消费者驱动型创意产品开发模式（见图3）。

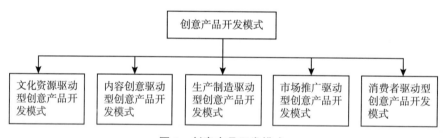

图3 创意产品开发模式

其中，文化资源驱动型创意产品开发模式是指由文化资源转化而成的文化资本驱动创意企业开发新创意产品的开发模式；内容创意驱动型创意产品开发模式是指在由文化价值和经济价值构成的双重价值（Throsby，2001）驱动下，由内容创意而主导创意企业开发新创意产品的产品开发模式；生产制造驱动型创意产品开发模式是指由新技术作为主要驱动力，驱使创意企业不断开发新的创意产品的产品开发模式；市场推广驱动型创意产品开发模式是指由中间商价值再造作为驱动力，引发创意企业开发新创意产品的产品开发模式；消费者驱动型创意产品开发模式是指以消费者价值共创为驱动力，引起创意企业开发新创意产品的产品开发模式。

三、样本确定及信息收集

本文关于创意企业及其创意产品开发的信息来自互联网，特别是创意企业官方网站上公开的信息。为了避免虚假信息，我们对所获取的信息进行反复核对、验证从而最大程度上避免不真实及重复性的信息。在此基础上，结合前述理论，采取内容分析法对这些信息整理、归纳，最后获取相关数据。

我们以商务部、文化部、国家广电总局及新闻出版总署联合发布的《2009~2010 年度国家文化出口重点企业目录》① 中的企业名单为备选样本企业，共计 211 家企业。随后，通过在百度网站上反复搜索后剔除了其中的 83 家企业。剔除这些企业的主要原因是这些企业的产品不是创意产品。被剔除的企业主要类型有：①乐器、光盘等创意产品的设备制造企业，如天津市津宝乐器有限公司、上海联合光盘有限公司等；②技术服务企业，如北京中视环亚卫星传输有限公司等；③非创意产品制造商，如苏州印刷总厂有限公司、中国宣纸集团公司等。最后，我们选取了剩余的 128 家企业作为本次实证研究的样本企业，这些企业的业务涉及广告、艺术与古玩、工艺、时尚设计、电影与录像、互动休闲、音乐、表演艺术、出版、电视与广播等领域。从这些企业生产的产品来看，涵盖了我们所研究的大部分创意产品门类。

上述 128 家企业很多是多元化经营，涉及创意产品制造、创意产品代理等业务。一些企业涉及非创意产品研发、制造或经营，我们只选取这些企业单独开发或者合作开发的创意产品进行分析。如果某一个创意产品是合作开发的产品，我们只将该创意产品划为某一个主要企业的产品以避免重复统计。选取的每个企业的创意产品数量不多于 5 件，如果有的企业某类创意产品数量多于 5 件，我们只选取该企业的代表性产品。本研究规定，只要满足下述其中之一的条件，该创意产品视为企业的代表性产品：①"代表作品或精品推荐"栏目下的产品；②获奖作品；③企业官方网站"公司简介"栏目中出现的产品。此外，系列产品只作为一个创意产品进行统计，如上海征途信息技术有限公司

---

① 商务部，文化部，国家广电总局，新闻出版总署. 2009~2010 年度国家文化出口重点企业目录 [EB/OL]. http://www.cnci.gov.cn/newsys/touzi/zdml/default.shtml.

研发并成功运营网络游戏《征途》后，又开发《征途2》、《征途怀旧版》、《绿色征途》等游戏，我们只统计《征途》。通过仔细搜寻，最后从这128家企业网站上共获取553个创意产品，这些创意产品包括视觉工艺产品、视听产品、出版物、音乐、新媒体、现场表演六大类。

四、变量确定和编码

编码方案的合理确立及实施有效编码对于内容分析法来说至关重要（Larsson，1993；Larsson and Finkelstin，1999）。创意产品类型编码表是在本文创意产品分类的基础上，结合创意产品实际获取情况进行分类并给出相应代码（见表1），然后编码员根据表1进行编码；为了便于将各个创意产品归入相应的模式中，基于前述创意产品开发理论，综合小组讨论的结果，最后获得各创意产品开发模式的解释性说明（见表2）。之后，对编码员进行培训，随后参照表2，各个编码员独立对部分创意产品开发的驱动模式进行试编码，筛选出相对优秀的两个编码员并对他们进行再次培训，之后再试编码，达到要求后开始正式编码。

表1　创意产品类型类目体系及编码

1—出版物	2—视听产品
11—纸质出版物	21—电影
111—纸质杂志/期刊	211—真人版电影
112—纸质书籍	212—动画电影
113—纸质报纸	213—纪录片电影
114—纸质漫画	214—特制电影
110—其他纸质出版物	210—其他电影
12—电子出版物	22—电视剧
121—电子杂志/期刊	221—真人版电视剧
122—电子书籍	222—动画片
123—电子报纸	23—纪录片
124—电子漫画/手机漫画	24—综艺节目
125—手机报纸/杂志	20—其他
120—其他电子出版物	

续表

3—视觉艺术产品	5—音乐
31—各类摆件	51—光盘音乐
32—纸艺工艺品/布类工艺品	52—磁带音乐
33—影像产品	53—数字音乐
34—雕塑/雕刻产品	54—彩铃
35—名家艺术品仿复制品/文物仿复制品	50—其他音乐
36—艺术陶瓷	
37—装饰画/家居饰品	
30—其他视觉艺术产品	
4—表演艺术和服务	6—游戏产品
41—杂技	61—网络游戏
42—地方戏剧	62—网页游戏
43—话剧	63—单机游戏
44—歌剧/音乐剧	64—手机游戏
45—各类晚会	60—其他游戏
40—其他	

资料来源：作者研究整理所得。

表2　判断各创意产品开发模式的类目体系及编码

代码—驱动模式	驱动模式释义	举例
Q1—文化资源驱动型	创意产品主体部分中绝大部分来源于小说、经典名著、历史人物传记、历史人物故事、历史事件、非物质文化遗产、神话故事、民间传说、成语、民间艺术、纪录片，若消费者了解这种文化资源的话，他能够很快识别出这一创意产品就是源于该文化资源	动画片《花之木兰》（以《木兰辞》为蓝本）
Q2—内容创意驱动型	大多数消费者认为产品主体中绝大部分是创作者创造性的成果，并且在大多数消费者看来这一产品不是以某一特定文化资源、技术、市场推广商、特定消费者为聚焦点	电视剧《那金花和她的女婿》（从内容上可以看出剧中人物及故事完全是虚构的）

续表

代码—驱动模式	驱动模式释义	举例
Q3—生产制造驱动型	创意产品介绍中突出"技术"贡献，如数字化技术制作、3D技术制作、传统工艺制作、专门软件工具等，并且离开这一技术这一产品将不可能生产出来；名称中突现了"技术"（如3D图形社区）的产品；电子图书（非定制类）	《3D泰坦尼克号》电影（虽然源于《泰坦尼克号》电影但其焦点在于3D技术所带来的冲击）
Q4—市场推广驱动型	可以推断出消费者只有通过某种专有渠道（如网络运营商）才能够购买消费该产品；市场推广商独家推出或订制产品或联合推出产品；企业为市场推广商专门制作的产品	《青年文摘——手机报》（通过移动通信商和网络运营商面向消费者）
Q5—消费者驱动型	创意产品名称能够明显看出有固定的消费者群体，并且离开这类消费者群体该创意产品将被迫重新定位；消费者对内容理解需要较强的专业知识；产品并不适合处于相同亚文化类消费者群中的其他大多数消费者	《戏剧之家》期刊（目标群体主要是戏剧工作者、戏剧研究专家和爱好者，由杂志社、作者、读者合作创造）

资料来源：作者研究整理所得。

本研究采用两人独立同时进行编码。之后借鉴 Perreault 和 Leigh（1989）提出的信度可靠性指数进行信度检验，其公式如下：

$$I_r = \sqrt{\left(\frac{F}{N} - \frac{1}{k}\right)\left(\frac{k}{k-1}\right)}，当\frac{F}{N} > \frac{1}{k} 时$$

$$I_r = 0，当\frac{F}{N} < \frac{1}{k} 时$$

其中，I 表示可靠性指数；F 表示完全一致的编码项目数量；N 表示编码项目的总量；k 表示分类数。由于经过了事先培训，内容分析的信度比较高，其中，创意产品分类的编码一致性系数达到98%，创意产品驱动模式的编码一致性系数达到92.7%。根据 Perreault 和 Leigh（1989）建议的可靠性指数至少要达到0.80的最低标准，本研究一致性程度比较理想。之后，对不一致的编码项目我们与编码人员进行讨论最后达成一致意见，从而确定最终数值。

五、结果分析

（一）创意产品开发模式分布分析——创意产品整体视角

表3是整个创意产品开发所使用的驱动模式分布表。从表中可以看出，这五类驱动模式在我国创意产品开发实践中都有使用。相对而言，内容创意驱动型和文化资源驱动型开发出来的创意产品比重较高，二者之和接近80%；生产制造驱动型和消费者驱动型开发出来的创意产品比重较接近，各为7.1%和9.9%；市场推广驱动型模式在创意产品开发中应用最少，仅占5.6%。

表3　创意产品开发模式分布——创意产品整体视角

驱动类型	比重（%）
文化资源驱动型	36.0
内容创意驱动型	41.4
生产制造驱动型	7.1
市场推广驱动型	5.6
消费者驱动型	9.9

资料来源：作者研究整理所得。

市场推广驱动型模式开发创意产品最少的原因可能是：虽然创意企业和中间商形成了共生关系，但这种共生关系大多数是围绕既有的产品价值在销售层面上的稳定合作关系；由于再造价值充满不确定性，以及再造价值的委托代理问题，因此这种共生关系如果在再造价值方面难以形成强烈的激励足以弥补这种不确定性，那么双方特别是中间商将没有动力去为了实现再造价值而创意。

较少企业利用生产制造驱动型创意产品开发模式的原因在于：只有最先几个采用新技术的同类创意产品才可能激起消费者的兴趣，从而获得较大利益，而后利用这种技术较难激发向往新奇事物的创意产品消费者的消费欲望。此外，大多数情况下，某种技术只是实现创意产品规模化生产或者产品生产效率提高的一种手段，而创意企业可以利用其他替代技术生产创意产品，同样也可能达到企业预期，因此技术的可替代性使得技术未能成为创意产品开发的主要驱动力。

由于创意产品最终要被消费才能实现其价值，因此，理论上消费者价值共创的意愿是绝大多数创意产品开发的驱动力。但实践中，更多的创意企业还仍停留在工业社会产品主导逻辑下创造产品价值的阶段，即创意企业单独开发创意产品或至多在创意产品开发过程中让消费者适度参与而不是共同创造。因此，比较少的创意企业采用消费者驱动型创意产品开发模式。

如果文化资源获得了一定规模消费者群体认同，那么这种文化资源显然最有可能引起这部分消费者的共鸣，在这类消费者群体足够大时，创意企业开发这种创意产品的风险性也就相对较低；同时，可资本化的文化资源众多，加上文化资源比较容易转化成企业文化资本，因此，较多创意企业采用文化资源驱动型创意产品开发模式开发新创意产品。

内容创意者从创意产品市场获取所有信息，主要通过自己迸发的"灵感"，开创性地创造出嵌入带有自身价值观倾向且新奇的内容创意。只要这种内容创意具有潜在的双重价值并达到创意企业预期，创意企业极有可能利用这种内容创意开发新产品。因此，更多创意产品的开发是采用内容创意驱动型创意产品开发模式。

（二）创意产品开发模式分布分析——创意产品细分视角

表4是各类型创意产品开发驱动模式分布情况。从中可以看出，创意产品类型不同，其开发时所采用的驱动模式分布也存在显著的差异。

表4　创意产品开发模式分布——创意产品细分视角

单位:%

驱动类型 创意产品类型	文化资源 驱动型	内容创意 驱动型	生产制造 驱动型	市场推广 驱动型	消费者 驱动型
出版物	9.9	18.0	23.4	6.3	42.3
视听产品	46.1	49.1	1.5	1.5	1.8
视觉艺术品	40.0	25.0	12.5	20.0	2.5

续表

驱动类型 创意产品类型	文化资源 驱动型	内容创意 驱动型	生产制造 驱动型	市场推广 驱动型	消费者 驱动型
表演艺术和服务	26.0	57.5	1.4	12.3	2.7
音乐	65.6	21.9	6.3	6.3	0
游戏	26.9	61.5	7.7	3.8	0

资料来源：作者研究整理所得。

　　从出版物看，消费者驱动型创意产品开发模式在出版物开发中应用最多，比例达42.3%；其次是生产制造驱动型创意产品开发模式，占23.4%；而市场推广驱动型创意产品开发模式最少，仅占6.3%。我们选择出版机构的主办刊物作为其代表的纸质出版物及拥有版权的电子出版物。在出版机构的主办刊物中，大多数刊物消费者群体目标定位明确，针对性比较强。因此，消费者价值共创显然是触发出版机构开发这种刊物的驱动器。电子图书主要受技术推动[①]，随着计算机的普及和互联网技术的快速发展，电子图书显然已经成为出版社的主要产品。因此，在出版物中生产制造驱动型创意产品开发的比重也比较高。此外，有些出版机构专门为苹果、移动通信运营商开发了电子出版物，因此市场推广驱动型创意产品开发模式占了一定的比例但较少，但这种驱动模式潜力巨大。由于出版机构出版或发行的图书绝大多数不是出版社的原创作品，不能享有图书的著作权，因此我们选择样本时将这部分图书剔除，这也是为什么表中内容创意驱动型出版物开发比重仅为18%的原因所在。

　　从视听产品看，文化资源驱动型和内容创意驱动型是企业最主要的产品开发模式，二者之和超过95%，这与视听产品开发实践相吻合。我们的视听产品样本中，电影和电视剧所占比重超过90%，这些电影和电视剧绝大多数由经典小说（占18%以上）、历史事件和历史名人（占13%以上）等改编而成（我国早期电影更是如此），或者由创意阶层全新创作成果即内容创意开发出来的。

---

　　① 杰克·麦克休，林成林译. 电子书版权不会自动成为出版社享有的权利———版权专家劳埃德·J. 杰辛访谈［EB/OL］. http://www. chuban. cc/bq/jl/201110/t20111014_94762. html.

从表演艺术和服务看，内容驱动型创意产品开发模式的比重接近60%；其次是文化资源驱动型开发模式，占26%。这与表演艺术和服务的构成有关，这一类别中，杂技和戏剧占了大部分比重，达58%。就杂技而言，杂技表演需要表演者有高超的技能，创作者只能根据各个表演者的专业技能设计表演内容，因此，内容设计更多是来自创作者丰富的想象力及对表演者的专业技能的了解，绝大多数杂技是创作者内容创意的转化物。就戏剧而言，历史人物故事、民间神话及经典小说历来就是戏剧特别是地方戏剧最重要的开发对象，因此，文化资源驱动型开发成为戏剧特别是地方戏剧最主要的开发模式。

从音乐产品看，实践中，创作者往往需要捕捉头脑中稍纵即逝的灵感，而并不仅局限于某种文化资源，在创作过程中，他们更多的是潜意识地将自身占有的各种文化资源有机地融合在一起并充分发挥创造性思维，最终创造出音乐作品。从这个层面看，音乐产品开发模式大部分应属于内容创意驱动模式。由于本文音乐样本中的绝大多数是各种原创音乐作品的重新组合物，如果没有原创音乐，这些创意产品将不复存在，因此认为它们是受原创音乐作品这一文化资源驱动而生产出来的，故文化资源驱动型模式占65.6%。占比排在第二位的是原创音乐本身，这些音乐绝大多数来源于创作者的内容创意。以上也说明中国原创音乐的不足。

从游戏产品看，内容创意驱动型在游戏产品开发中所比重最高，达61.5%；其次是文化资源驱动型，占26.9%。游戏产品的热销更多受游戏的内容影响，技术和市场推广并不是游戏产品开发关注的焦点。因此，技术和市场推广极少刺激企业开发游戏产品，而游戏内容中的大部分来源于创作者偶尔灵感生成的内容创意，也有部分直接取材于热门小说、电视剧、电影或神话故事。此外，游戏玩家在现有的游戏开发中，更多是为企业提供参考意见以进一步修改完善游戏产品，因此，消费者驱动型在游戏产品开发中几乎不存在，这有待提升。

六、结论

内容创意驱动型创意产品开发模式和文化资源驱动型创意产品开发模式是创意产品开发最常见的模式。由于内容创意驱动型模式的关键是创意阶层提供的双重价值的内容创意，而文化资源驱动型模式的关键在于创意企业转化文化资本的能力及这种文化资本的利用——这也需要创意阶层发挥关键作用。因此，从根本上讲，创意企业应特别重视创意人才的引进和后续培养，尤其是创意阶层文化素养的提高，同时，应注重培育宽松的创意氛围以有利于更多内容创意的生成。

我们选择的样本企业来源于国家文化出口重点企业目录，这一目录中的企业是我国创意企业的佼佼者，其产品无疑具有较强的竞争力，而样本创意产品是这些企业的代表性产品，是创意企业认为开发比较成功的产品。因此，以上的创意产品开发模式和经验显然具有一般意义，值得国内其他创意企业借鉴。

参考文献

［1］Brecknock R. Creative Capital：Creative Industries in the "Creative City" ［EB/OL］. http：//www. brecknockconsulting. com. au/news/articles/Creative_Capital_Brecknock_2003. pdf，2004.

［2］Larsson R., Finkelstein S. Integrating Strategic，Organizational，and Human Resource Perspectives on Mergers and Acquisitions：a Case Survey of Synergy Realization ［J］. Organization Science，1999，10（1）：1-26.

［3］Larsson R. Case Survey Methodology：Quantitative Analysis of Patterns Across Case Studies ［J］. Academy of Management Journal，1993，36（6）：1515-1546.

［4］Perreault W. D.，Leigh L. E. Reliability of Nominal Data Based on Qualitative Judgments ［J］. Journal of Marketing Research，1989，（5）：135-148.

［5］Throsby D. Economics and Culture ［M］. Cambridge：Cambridge University Press，2001.

［6］郭新茹，顾江. 基于价值链视角的文化产业赢利模式探析 ［J］. 现代经济探讨，2009（10）：38-42.

［7］厉无畏. 创意产业导论 ［M］. 上海：学林出版社，2006：191-198.

［8］邢华. 文化创意产业价值链整合及其发展路径探析 ［J］. 经济管理，2009（2）：37-41.

［9］郑文文. 创意产业价值链价值传递机理研究 ［D］. 上海：东华大学博士学位论文，2009.

An Empirical Study on the Creative Product Development Model

LIN Ming-hua

Abstract: The driven models of the creative product development are raised and briefly analyzed based on the corrected value chain of creative industries, and then the distribution of the creative products development model of China representativeness creative products is empirical studied by using content analysis method. The results show that China's creative enterprises take full advantage of these different driven models to develop creative products. Among them, the creative content-driven model and the cultural resources-driven model is used mostly to develop the creative products and the production-driven model and the consumer-driven model areapplied rarely, especially the marketing-driven model.

Key words: Creative product; Product development; Content Analysis Method

专题研究

Monographic Study

基于科学知识图谱的国内妈祖研究主题分析[*]

◎ 罗丹　潘康康[**]

　　摘要：作为世界海洋文化的重要组成部分，妈祖在促进新丝绸之路沿线国家和地区的文化融合和政治互信，对于推进我国"一路一带"战略具有现实意义。采用 CiteSpace Ⅲ 对目前国内妈祖研究领域的文献进行关键词共现及聚类等分析。研究发现：①关于妈祖研究方面的文章数量不断增加，主要研究力量集中于沿海高校科研院所，以福建省内高校为主；②目前国内妈祖研究热点主题有妈祖信仰起源与功能利用、闽台妈祖研究比较、海内外妈祖庙研究、妈祖祭典及文化旅游、妈祖生平事迹及封号，特别是妈祖文化传播及资源开发、妈祖信俗等新兴主题。

　　关键词：妈祖；知识图谱；CiteSpace Ⅲ；主题结构

一、引言

　　妈祖，作为国家的祭典神，历代都受到官方的褒封与崇祀，这是宋代以来

　　* 基金项目：福建省社科规划项目"福建省创意农业产业发展模式研究"（项目编号 2013C04）。
　　** 罗丹：莆田学院商学院讲师，研究方向：文化创意管理，E-mail：rodin8481@163.com。潘康康：四川大学创意管理研究所硕士研究生，研究方向：版权管理。

妈祖崇拜日益普及的重要原因（郑振满，2010），沿海主要城市里都建有妈祖庙，也有着诸多的信众，同时妈祖也吸引着学者们的关注。由于历史原因，妈祖崇拜一度被认为是迷信行为，直到20世纪80年代以后，国内妈祖研究重新开始（黄国华，2010），随着海内外妈祖学术交流的频繁及"一带一路"的国家战略构想的提出，国内掀起了妈祖研究热，一时间妈祖研究的文献呈井喷式增长。但是通过对文献的梳理，发现缺少对国内妈祖学术研究整体进展方面的文献。因此，本文使用CiteSpace软件对国内妈祖研究文献进行可视化的文献计量研究，从关键词共现及聚类进行分析，以探究国内妈祖领域的研究主题进展以及未来趋势。

二、数据来源与研究方法

（一）数据来源

中国知网（以下简称CNKI）是目前国内收录学术论文最广的动态数据库，其下属的《中国学术期刊网络出版总库》收录了国内出版的6642种学术期刊，其中核心期刊、重要评价性数据库来源期刊2460种，期刊种数完整率不低于99%；其他期刊4182种，期刊种数完整率不低于90%，涵盖了绝大部分学科门类，为科研人员提供学科领域内的研究现状、热点和前沿文献。此外，中国知网为研究者提供了灵活便利的个性化检索条件。

因此，本文选取中国学术期刊网络出版总库作为主要数据库来源进行检索，检索条件设定为：主题词＝"妈祖"，文献来源类别为全部期刊，文献来源年限不限，检索条件为精确，一共检索到"妈祖"相关文献1360篇。首先，经过对比筛选，除去无作者、启事、征稿、会议通知等不相关内容；其次，通过对摘要进行阅读甄别，剔除通信报道、简介、会议通知等非学术性文献，共获得符合要求的文献894篇，并将符合要求的文献题录以固定格式进行保存，检索操作时间为2016年2月17日。

（二）研究方法

学者们通过对文献数据信息绘制科学知识图谱来实现学科知识的可视化，

借此进行研究理论增长、研究范式转换、学科领域演进以及学科结构辨识等方面的研究（秦晓楠、卢小丽等，2014）。科学知识图谱是以知识域为对象，显示科学知识的发展进程与结构关系的一种图像（陈悦、陈超美等，2015）。美国德雷塞尔大学陈超美博士开发的 CiteSpace 软件，能在 Java 应用程序基础上对科学文献进行可视化分析，跟踪研究热点和探测学科研究新趋势（Chaomei Chen et al.，2008）。本文以妈祖相关文献数据为研究对象，对发文数、发文作者、载文期刊、发文作者机构等进行相应数据挖掘和文献计量分析，利用 CiteSpaceⅢ软件，采取作者及机构合作网络分析、共词分析等方法，对国内妈祖研究领域的研究力量、研究主题聚类进行可视化分析。

三、国内妈祖研究文献计量统计结果与分析

（一）年度文献产出量分析

从图 1 可见，由于历史原因的影响，妈祖信仰被视为迷信活动，国内妈祖研究被迫中断，直到 20 世纪 80 年代初，国内妈祖研究工作得以恢复，但在恢复初期文献产出量较少，直至 1990 年在福建省内举办了妈祖研究学术研讨会，文献产出量突增，而后至 1999 年中国澳门回归，这一阶段产出量呈波动增长。

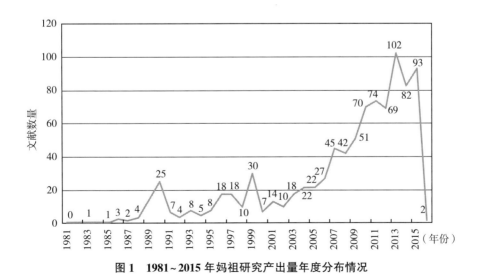

图 1　1981~2015 年妈祖研究产出量年度分布情况

从 2000 年开始，文献产出量稳定持续增长，直至 2013 年习近平总书记提出"一带一路"的国家战略构想，妈祖是世界海洋文化重要组成部分，一时产出量有新突破。同时为了积极推动海峡两岸关系稳定发展，妈祖信仰将进一步发挥作用。因此，从长远看，妈祖研究主题将会得到持续的关注和深入的分析。

（二）文献期刊地区分布

随着国内妈祖研究的兴起，以"妈祖"为主题的文献数量增多，对 894 篇论文所发表的期刊分布情况进行分析（见表 1），排名前 10 位的期刊载文量占总载文量的 27.05%，其中《莆田学院学报》共刊载 133 篇，位居第一位，福建莆田是妈祖故里，妈祖信仰源于此地，因此区域研究优势和特色凸显。从载文期刊所属的领域来看，大学学报上载文量最多，如《莆田学院学报》、《福建省社会主义学院学报》、《福建师范大学学报（哲学社会科学版）》、《中国海洋大学学报（社会科学版）》、《厦门大学学报（哲学社会科学版）》、《广东海洋大学学报》等，这说明高校学术研究机构是妈祖研究的大本营；宗教类期刊载文量次之，如《世界宗教研究》、《世界宗教文化》、《中国道教》等；文化类、旅游类紧随其后，如《闽台文化交流》、《东南文化》、《文化遗产》等，政治、文学历史类、工艺美术类、体育、民族与地方史志类、新闻与传媒类、音乐舞蹈艺术类、档案与博物馆类等，由此可见，妈祖研究覆盖面广，研究领域多样化。从期刊所属地区分布来看，主要集中于福建、北京、广东、浙江、天津、上海等地区，由于妈祖是"海上女神"，妈祖信仰在沿海城市得到更多认同，因此，学术研究也集中于以福建为首的沿海省份。从载文期刊的学术影响力来看，894 篇论文中仅有 107 篇被中文社会科学引文索引（CSSCI）上收录，妈祖研究文献数量增多，但是学术影响力有限。

表 1 1983~2015 年国内妈祖研究载文量前 10 位的期刊

期刊名称	载文量（篇）	载文百分比（%）	所属地区
莆田学院学报	133	14.86	福建
闽台文化交流	17	1.90	福建
世界宗教研究	16	1.79	北京
福建论坛	13	1.45	福建

续表

期刊名称	载文量（篇）	载文百分比（%）	所属地区
福建省社会主义学院学报	12	1.34	福建
福建师范大学学报（哲学社会科学版）	11	1.23	福建
东南文化	10	1.12	江苏
中国道教	10	1.12	北京
台湾研究集刊	10	1.12	福建
寻根	10	1.12	河南

（三）发文作者和研究机构分析

从发文作者来看，文献高产出作者有莆田学院黄秀琳、刘福铸、陈祖芬、陈淑媛、吉峰等，华侨大学李天锡，福建社会科学院徐晓望，中华妈祖文化交流协会蒋维锬，福建省委党校谢重光等。从发文机构来看，莆田学院、福建师范大学、厦门大学、华侨大学、福建社会科学院、中山大学等研究机构的研究成果丰富，数量居于前列（见表2）。妈祖发祥于福建，有着"海上女神"之称，因此，对于妈祖研究具有较强的区域特点。主要的研究力量集中于福建省，此外，广东、山东、天津等地高校研究机构也是妈祖研究的生力军。

表2 1983~2015年发文量前10位的作者和研究机构

序号	作者	发文量	作者单位	序号	研究机构	发文量
1	黄秀琳	16	莆田学院	1	莆田学院	190
2	刘福铸	15	莆田学院	2	福建师范大学	71
3	李天锡	12	华侨大学	3	厦门大学	37
4	徐晓望	9	福建社会科学院	4	华侨大学	22
5	蒋维锬	9	中华妈祖文化交流协会	5	福建社会科学院	24
6	谢重光	9	福建省委党校	6	中山大学	10
7	陈祖芬	9	莆田学院	7	闽江学院	10
8	柯立红	8	闽江学院	8	中国海洋大学	9
9	陈淑媛	8	莆田学院	9	暨南大学	9
10	吉峰	7	莆田学院	10	天津大学	8

序号	作者	发文量	作者单位	序号	研究机构	发文量
10	朱天顺	7	厦门大学	10	中国妈祖文化交流协会	8
10	王英暎	7	福建师范大学	10	福建农林大学	8

（四）妈祖研究主题分析

关键词共现分析是一种内容分析技术，它通过分析在同一个文本主题中的款目对（单词或名词短语对）共同出现的形式，确认文本所代表的学科领域中相关主题的关系，进而探索学科的发展（潘黎、乔冬，2011）。时间跨度为1983~2015年，时间切片为2，阈值选择TOP35，运行CiteSpaceⅢ，采用寻径剪枝方式进行修剪得到由350节点和577条连线组成的关键词共词网络图谱。模块值（ModularityQ）= 0.8465，平均轮廓值（Mean Silhouette）= 0.5279。CiteSpace用模块值（Q值）和平均轮廓值（S值）两个指标来评判图谱绘制效果。一般而言，Q值大于0.3就意味着划分出来的社团结构是显著的，当S值在0.5以上，聚类一般认为是合理的（陈悦、陈超美等，2015），本文的知识图谱聚类效果良好。

关键词的频次、中心度和关联度是判断主题聚类的重要指标（苏楠，2014）。频次是指关键词出现的次数或被引用的次数，图中的各个圆圈代表节点，节点的大小表示关键词的出现频次：节点越大，表示关键词出现的次数越多。关键词中心度是指某一节点在某一领域中的中介作用及其影响程度，一般认为，关键词中心度超过0.1，即为较强，通过该点展开的研究较多，其有较强的影响力（房宏君，2011），在共现网络中处于中心位置，连接和传递着妈祖研究相应的信息。节点间的关联度由节点连线粗细表示，节点连线越粗，关联度越高，表示这些关键词之间的共现频率越高。

从整体知识图谱来看（见图2），整个共词核心网络比较集中，出现了"妈祖信仰"、"妈祖文化"、"妈祖神"、"妈祖信俗"等核心节点，而且节点之间的联系紧密，"妈祖神"、"海峡两岸"、"妈祖信仰"、"妈祖宫"、"北港朝天宫"等词位于共现网络的中心位置，连线围绕这些节点朝四周延伸出去。这表明在国内妈祖研究中妈祖神、妈祖与海峡两岸关系、妈祖信仰及妈祖宫庙有较强的影响力，经过 30 多年的研究，国内妈祖研究初具规模，集中于宗教学、政治关系等领域，并朝不同的研究领域拓展，呈现多样化趋势。

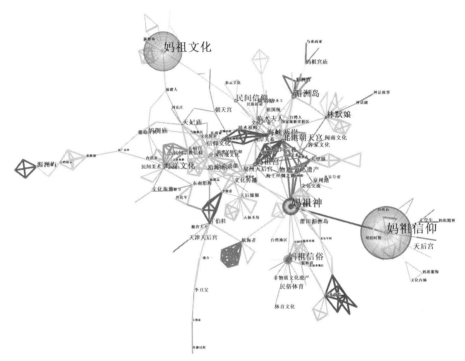

图 2　国内妈祖研究关键词共现分析可视化图谱（聚类）

　　为了进一步展现国内妈祖研究的知识结构，利用 CiteSpace Ⅲ 对关键词共现网络继续进行聚类，共形成大小 50 个聚类。根据聚类大小和研究的相关度，整理出 14 项关键词聚类群组进行分析，参照 TF*IDF 和 LLR 算法抽取的标识词，结合对关键文献阅读分析，总结出国内妈祖研究领域的热点主题（见表 3）。

　　从聚类结果来看，国内妈祖研究主题分布在以下几个方面：妈祖信仰起源与功能利用、闽台妈祖研究比较、海内外妈祖宫庙研究、妈祖祭典及文化旅游、妈祖生平事迹及封号、妈祖文化传播及资源开发、妈祖与海峡两岸关系、妈祖信俗、妈祖戏剧与艺术创作、妈祖的职能与神话传说、妈祖的宗教属性、妈祖与航海史、宋代以来妈祖信仰的传播方式、民间信仰等。这些主题构成了国内妈祖研究的主体知识结构。

表3　基于聚类结果的妈祖研究主题（部分）

组别	频次	关键词	年份	研究主题	组别	频次	关键词	年份	研究主题
#0	265	妈祖信仰	1985	妈祖信仰起源与功能利用	#7	6	祖国统一	1997	妈祖与海峡两岸关系
#0	17	天后宫	1993		#7	7	两岸关系	1998	
#0	4	文化内涵	2010		#7	2	社会心理	2005	
#0	2	当代利用	2011		#7	2	寻根意识	2005	
#0	2	文化价值	2011		#7	8	文化旅游	2011	
#0	5	妈祖精神	2015		#8	42	妈祖信俗	1995	妈祖信俗
#1	27	北港朝天宫	1986	闽台妈祖研究比较	#8	11	民俗体育	2010	
#1	8	民间宗教	1986		#8	7	非物质文化遗产	2011	
#1	7	大甲镇	1988		#8	2	口述档案	2011	
#1	14	物质文化遗产	2007		#8	3	文峰宫	2012	
#1	4	民俗活动	2008		#9	33	林默娘	1993	妈祖戏剧与艺术创作
#1	8	闽南文化	2013		#9	1	叙事主体	2004	
#1	6	海上丝绸之路	2015		#9	1	叙事风格	2004	
#2	6	天福宫	1990	海内外妈祖宫庙研究	#9	1	中国京剧艺术	2005	
#2	14	天妃庙	1990		#9	4	神话剧	2013	
#2	28	海洋文化	1990		#10	4	关圣帝君	1983	妈祖职能与神话传说
#2	10	沿海地区	1993		#10	2	土地神	1983	
#2	4	内供奉	1996		#10	1	公众安全	1983	
#2	13	妈阁庙	1997		#10	2	行业神	1983	
#2	3	海觉寺	1999		#10	1	药王山	1983	
#2	6	民间美术	2011		#10	1	伏魔大帝	1995	
#3	37	湄洲岛	1987	妈祖祭典及文化旅游	#11	3	三教合一	1990	妈祖的宗教属性
#3	8	妈祖宫庙	2008		#11	2	宗教家	1990	
#3	2	闹妈祖	2009		#11	1	信仰体系	1991	
#3	3	旅游型海岛	2010		#11	1	多神信仰	1991	
#3	7	文化产业	2012		#12	6	航海者	1988	妈祖与航海史
#4	82	妈祖神	1985	妈祖生平事迹及封号	#12	1	姚广孝	1988	
#6	5	观音大士	1990		#12	3	市舶司	1992	
#4	2	永乐年间	1991		#12	1	商品集散地	1992	
#6	6	天后娘娘	1991		#13	13	湄洲屿	1986	宋代以来妈祖信仰的传播
#4	3	女神崇拜	1993		#13	2	元明时期	1986	
#6	4	天仙圣母	1994		#13	1	传播范围	1986	
#4	1	出身贫寒	2001		#13	3	乾隆朝	1994	
#5	195	妈祖文化	1991	妈祖文化传播及资源开发	#13	2	康熙朝	1994	
#5	4	多元文化	2004		#15	5	福建民间信仰	1997	民间信仰
#5	2	文化创意	2011		#15	11	信仰文化	2005	
#5	4	新媒体	2013		#15	2	信仰民俗	2006	
#5	3	文化遗产	2015		#15	2	海峡两岸交流	2011	

从聚类群组大小来看，聚类越大说明这一群组内的共现关键词越多，是学者们关注的热点主题。首先，图谱中最大的聚类群组是由 35 个关键词组成聚类群组#0、#1，这表明在国内妈祖研究中妈祖信仰起源与功能利用及闽台妈祖研究比较是两大热点研究主题。其次是 26 个关键词组成的海内外妈祖庙研究（#2）、妈祖祭典及文化旅游（#3）、妈祖生平事迹及封号（#4）、妈祖文化传播及资源开发（#6）、妈祖与海峡两岸关系（#7）、妈祖信俗（#8）。

群组中共现关键词出现时间可以反映出研究主题热度的持续性。从表 3 中聚类群组中关键词共现时间发现：有部分研究主题在 2000 年以前是研究热点，如海内外妈祖宫庙研究（#2）、妈祖生平事迹及封号（#4）、妈祖的职能与神话传说（#10）、妈祖的宗教属性（#11）、妈祖与航海史（#12）、宋代以来妈祖信仰的传播方式（#13）等，但随后研究热度减退；有部分主题自始至终是学者们关注的重点，如妈祖信仰起源与功能利用（#0）、闽台妈祖研究比较（#1）、妈祖祭典及文化旅游（#3）、妈祖与海峡两岸关系（#7）、妈祖戏剧与艺术创作（#9）、民间信仰（#15）6 个研究主题；还有一类是新兴出现的研究主题，共现关键词大多出现在 2010 年以后，如妈祖文化的现代传播及资源开发（#5）、妈祖信俗（#8）。

综观国内 30 多年的妈祖研究，研究主题集中于妈祖信仰起源与功能利用、闽台妈祖研究比较、海内外妈祖庙特点、妈祖祭典及文化旅游、妈祖生平事迹及封号等方面，大部分主题具有承袭性，延续了前人的研究，同时也出现了妈祖文化的现代传播及资源开发、妈祖信俗等新兴热点主题，但总体来说缺少具有突破性创新研究主题。

四、结论与展望

本文采用 CiteSpace Ⅲ 对 1980 年以来我国妈祖研究的文献进行了定量与可视化分析，通过绘制合作作者与机构图表得到：国内研究妈祖的研究力量主要集中于福建省，以莆田学院、福建师范大学为主要代表。通过对关键词共现网络的分析，识别出目前国内妈祖研究热点主题主要包括妈祖信仰起源与功能利用、闽台妈祖研究比较、海内外妈祖庙研究、妈祖祭典及文化旅游、妈祖生平事迹及封号、妈祖文化传播及资源开发、妈祖与海峡两岸关系、妈祖信俗。国内妈祖研究从历史学、宗教学的视角考究妈祖生平事迹，以及妈祖信仰起源、宗教属性等，逐渐发展从传播学视角探索妈祖文化传播路径，以及管理学视角对妈祖文化资源的开发和利用。

随着妈祖研究受到越来越多学者的关注，相关的研究也会不断增多。现阶段的研究在学术影响力、研究力量的跨区域交流与合作、研究方法和内容等方面存在不足，因此在后续的研究中可以从这些方面着手。

从研究对象而言，本文选择 CNKI 数据库收录的公开发表的期刊论文作为研究对象，缺少专著。由于妈祖研究的特殊性，具有影响力的著作颇多，这也是下一阶段研究的重点，将更多专著纳入研究之中。其次，CNKI 数据库能全面收录期刊文献，但是以同样的检索方式，通过国内权威数据库 CSSCI 检索，仅获得 107 篇妈祖研究方面的论文，由此可见，国内妈祖研究方面具有影响力的论文少。因此，国内妈祖研究的学术影响力有待加强。

从研究力量上看，对妈祖研究的主要核心力量集中于福建省、天津、广东、中国澳门等地区，但是从论文合作发表情况来看，国内外学者及学术机构之间的合作研究少。国内妈祖研究已经颇具规模，成果丰硕，但是如何突破"小世界"，加强与国内外妈祖研究机构的交流合作是未来学术界研究的重点方向。

从研究领域和方法来看，早期研究对文献史料的整理分析居多，从研究规范性来看，缺少实证调查研究。随着妈祖研究突破、并逐步渗透到历史学、宗教学、经济学、社会学、管理学、传播学等领域，妈祖文化、妈祖精神运用到实践中的效果更加需要用定量研究方法来检验。而如何突破宗教学、历史学等研究范式，结合交叉学科理论与研究方法，通过定量研究达到研究的规范性和实证性是下一步继续深入研究的课题。

从研究内容来看，作为一种文化资源，妈祖具有极高的社会、文化和经济价值，诸多学者对此已达成了共识。近年来，学者们已陆续从宗教学、文化学、历史学等角度对妈祖的社会、文化价值理论做出了贡献，并取得一定成果。但如何有效地开发和利用现有文化资源，大多数研究只是从政策比较、发展模式等方面着手，缺少从微观管理层面对妈祖资源利用进行分析。因此，从创意管理角度对妈祖文化资源开发进行深入研究，一方面，从理论方面要对妈祖文化资源的深入挖掘，让妈祖文化赋予创新性的内涵；另一方面，在实践方面同时代发展特点相结合，利用互联网、新媒体等作为新传播工具，可以尝试从受众的视角来分析妈祖文化创意产业的开发和妈祖信俗活动的开展。

参考文献

［1］Chaomei Chen, Il-Yeol Song, Xiaojun Yuan, Jian Zhang. The Thematic and Citation Landscape of Data and Knowledge Engineering (1985–2007) ［J］. Data & Knowledge Engineering, 2008（67）：234–259.

［2］陈悦，陈超美，刘则渊等 . CiteSpace 知识图谱的方法论功能 ［J］. 科学学研究，2015（2）：242.

［3］陈悦，陈超美，刘则渊等 . CiteSpace 知识图谱的方法论功能 ［J］. 科学学研究，2015（2）：249.

［4］房宏君 . 国内科技人才研究的来源分析和热点分析 ［J］. 人力资源管理，2011（12）：120–121.

［5］黄国华 . 20 世纪以来妈祖研究的回顾与评述 ［J］. 南方学院学报，2010（6）：117.

［6］潘黎，乔冬 . 基于科学知识图谱的国际高等教育研究热点探析——基于 1999–2008 年《Higher Education》刊载文献关键词共词网络的分析 ［J］. 教育科学，2011（3）：45.

［7］秦晓楠，卢小丽，武春友 . 国内生态安全研究知识图谱——基于 CiteSpace 的计量分析 ［J］. 生态学报，2014（13）：3694.

［8］苏楠 . 国内服务型政府研究的知识图谱 ［J］. 四川大学学报（哲学社会科学版），2014（2）：98–109.

［9］郑振满 . 湄洲祖庙与度尾龙井宫：兴化民间妈祖崇拜的建构 ［J］. 民俗曲艺，2010（3）：124.

Mazu Research Topics Analysis in Mainland China Based on Knowledge Mapping

LUO Dan, PAN Kang-kang

Abstract：As an important part of the world ocean culture, Mazu has realistic significance in promoting cultures and political mutual trust among the countries and regions along New Silk Road, as well as the strategy of "the Belt and Road". The paper uses CiteSpace Ⅲ to analyze academic papers about Mazu published in China Knowledge Resource Integrated Database by keyword co-occurrence network analysis. It identifies that: ① the number of articles about Mazu is increasing in domestic, while the research forces are main concentrated in universities and institutions along the coast, mainly in Fujian province; ② currently the domestic Mazu hotspot research topics focus on: Mazu belief origin and utilization, Mazu comparative research across the Taiwan straits, Mazu temples, Mazu festival and culture tourism and Mazu biography and titles; in particular, Mazu cultural communication and resources development and utilization and Mazu belief are the emerging themes.

Key words: Mazu; Knowledge mapping; CiteSpace Ⅲ; Topic structure

三维视角下中国表演艺术团体发展现状研究[*]

◎ 黄晓懿　钟　林[**]

摘要：表演艺术在发展过程中形成了经济、技术和社会特征，其发展离不开经济、技术、社会三维力量的支持。以经济、技术、社会三维框架为基础，深入分析中国表演艺术团体的发展现状，发现其存在经费自给率低，与市场体制不兼容，完整的产业链及产业集群尚未形成；自主创新能力较弱，与高新技术结合不够；社会支撑制度供给不足，社会保障政策落实不到位，非营利表演艺术组织发展缓慢的主要问题。因此，形成经济、技术和社会三维合力推动其可持续发展成为中国表演艺术团体的当务之急。

关键词：表演艺术团体；现状；经济；技术；社会

当今国际市场竞争愈演愈烈，国家实力的较量已经不仅局限于经济和科技方面，更多体现在文化实力的角力。作为文化实力核心组成部分的表演艺术在整个民族乃至国际关系中占据重要的战略地位，已成为各国用来提高国民素质和国际地位的重要战略手段。中国表演艺术是中国特色社会主义文化的重要组

　* 基金项目：本文受四川省文化厅课题"2015年多层次多业态演艺场所调查报告"的资助。

　** 黄晓懿：四川建筑职业技术学院经济管理系讲师，研究方向：表演艺术管理，E-mail：107410788@qq.com。钟林：成都职业技术学院教授，博士，研究方向：管理经济分析。

成部分，是繁荣社会主义文艺事业，推动社会主义精神文明建设的重要力量，对促进经济发展和社会全面进步具有不可替代的作用。在中国社会主义市场经济体制改革和文化体制改革的历史机遇中，表演艺术团体既迎来了宝贵的创新和发展机遇，也面临着严峻的处境与挑战。如何通过理论创新、制度创新和手段创新，培育并扶持一批核心竞争力强的表演艺术团体，进一步解放和发展艺术生产力，是中国目前面临的战略性命题。

一、三维分析框架的提出

国内外关于表演艺术的现有研究反映出表演艺术具有经济、技术和社会三维特征。

关于表演艺术的经济特征，研究认为表演艺术具有逆经济增长性、高市场风险性和强明星效应性特征。首先，从历史发展来看，表演艺术是作为一种劳动密集型产业发展起来的，其产业属性决定其很难获得生产力的提高，且实际生产成本往往有稳步上升的趋向。即在面对不可避免的单位成本上升时，由生产力滞后引起的表演艺术的财政问题，由此产生的成本压力被认为是"鲍莫尔的成本困境"（Baumol，1966）。相对于其他市场，表演艺术团体生产力滞后与生产成本逐步递增的矛盾无法解决。这些不可避免的势力将在艺术组织的财政状况中导致一个"收入差距"，没有外界支持，将会导致一个"艺术赤字"（Heilbrun，2011）。这样，只有公共财政或私人慈善的补助金才能确保表演艺术质量与数量的共存（Towse，2011）。例如，美国歌剧曲目的萎缩会引起经济效益的下降（Heibrun，2001），美国政府对歌剧表演艺术补贴的目的就是为了鼓励更多的歌剧生产，提高艺术生产力，进而提高其经济效益，以维持剧院的运营（Pierce，2000）。美国非营利性剧院的财政来源主要包括公共财政资助和社会民间资助。美国歌剧的繁荣很大程度上归因于国家对艺术研究捐赠的增加和职业歌剧公司数量的增多（Leaf，2007）。由此表演艺术呈现出高成本、高价格的逆经济增长性特征。其次，表演艺术作为创意产品本身蕴含着市场需求不确定性风险和演出运作的过程风险。因为创意性产品的成功与否，很少能根据过去的经济发展形势来判断（Prindle，1993）。特别是在经济全球化、市场一体化趋势下，表演艺术团体面临着国际和国内的双重挑战，再加上产品时尚潮流的变化、盗版的猖獗，都使表演艺术团体面临更大的开发新产品的市场不确定性风险（厉无畏，2007）。最后，表演艺术是在某个特定时刻和特定地点，传递给观众的现场精神产品，需要演员、音乐家的现场技艺展现，更容易让观众陶醉其中。对演员、音乐家这些艺术家来说名声和明星效应更为显著（Braudy，1997），从而可能带来巨大的经济效益。

随着文化科技的飞速发展，当今的表演艺术呈现出技术和劳力互补性、技术多元性特征。首先，文化科技的发展，使技术和劳动力互补成为现实。技术和劳动力互补，使劳动力变得更加多产。美国歌剧非常重视采用高新技术，高度重视艺术与科技相结合（俞健，1995）。美国歌剧繁荣的主要原因是改革创新（王小宁，2006），但其还需要创新来推动产业的发展（Herwitz，2006）。其次，舞台技术的不断发展，使文化、艺术的表现形式得到空前的发展，表演艺术呈现机械化程度高、技术手段多样化的特点（阎德琭，2007）。

关于表演艺术的社会特征，研究认为表演艺术具有社会资本积累性、需求多样性和传承包容性特征。首先，创造性产业消费的重要特点之一是在消费创造性产品的过程中，个人所得到的是一种体验和艺术水平的培养，这种过程称为"理性的消费"（理查德·E. 凯夫斯，2004；杨永忠、林明华，2015），其消费过程也是社会资本的积累过程。其次，随着生活水平和大众素质的提高，出现社会阶层多层次化需求的现象，这使表演艺术突破了原有的高雅门类的局限，逐渐走向迎合大众艺术口味的多样门类的道路。最后，表演艺术传承人具有三种文化功能，即保存文化遗产、再造文化产品，熔铸文化心理、塑造文化品格，传承文化传统、加强文化认同（郭英德，2008）。它的传承包容性表现在对本民族传统文化的传承、发扬和对不同文化背景下的表演艺术的吸收、融合。

由表演艺术的三维特征可见，经济是表演艺术发展的"根基"，技术是表演艺术发展的"养分"，而社会是表演艺术发展的"土壤"。因此，文章在经济、技术、社会三维分析框架下，深入分析中国表演艺术团体的发展现状和存在的主要问题，并提出三维对策建议，以推动中国表演艺术团体的可持续发展。

二、中国表演艺术团体的发展现状分析

中国市场经济体制环境尚未完全建立，加上表演艺术本身固有的逆经济增

长性和高市场风险性特征，使表演艺术团体的发展离不开政府的宏观调控与市场的配置调节。在政府和市场的二元格局中，需要政府的行政管理手段和公共资源配置等管理方式，与市场经济体制下市场的调节和配置作用结合起来，形成适应"过渡"的政策要求。近年来，中国表演艺术团体整体平稳发展，并取得一定成效。

（一）经济维度分析

中国表演艺术团体在"公私"结合模式下转企改制稳步推进，市场化发展步伐加快的同时，国家财政扶持力度加大，且对外文化贸易加强与扩大。首先，随着中国市场经济体制改革和文化体制改革的深入，大部分地方国有表演艺术团体纷纷以职工持股、国有媒体控股、引资重组等多种形式转企改制，保留事业性质的国有院团中涌现出一批在政府扶持下走市场化道路的"政府扶持、转换机制、面向市场、增强活力"的改革典型（王馥纯，2011）。一些民营表演艺术团体也采用"政府主导，购买服务和公司运营，社会参与"（周以然，2010）的公私结合发展模式，获得迅速发展。截至 2012 年 12 月，全国2103 家承担改革任务的文化系统国有文艺院团中，2100 家已完成改革任务，占总数的 99.86%，其中转企改制的占 61%。14 个省、自治区、直辖市组建了省级演艺集团公司，其中多家实现注册资本或年收入超亿元。其次，中国对构建统一开放、竞争有序的现代文化市场体系做出重大部署，加快了文化市场体系的构建步伐。许多表演艺术团体采取了市场运作模式，都在做面向市场的改变，在努力增加高质量艺术供给的同时，不断丰富和满足消费者的艺术需求，并将物质产品生产和市场营销等理念引入艺术产品生产的全过程。演艺经纪公司等中介机构的市场运作模式的成功，也使表演艺术团体市场化发展道路越走越宽。同时，国家加大了对表演艺术团体，特别是其公益演出的扶持力度。国家发改委、文化部等九部委于 2008 年 1 月印发了《关于构建合理演出市场供应体系促进演出市场繁荣发展的若干意见》，要求各级财政加大对基层进行公益性演出的表演艺术团体的补贴力度。2013 年 12 月 30 日，国家设立国家艺术基金，对繁荣艺术创作、培养艺术创作人才、推进表演艺术团体持续健康发展起到一定的推动作用。2015 年，国家艺术基金资助 728 个项目共 7.5 亿元，项目数和资助额大幅增长。最后，在经济、文化全球化的浪潮中，各国都开始重视加强文化贸易，提高文化出口创汇。表演艺术是文化产业的重要组成部分，历来承担着传播民族文化、加强文化交流的使命。在 WTO 服务贸易总协定中，表演艺术被明确纳入文化贸易范围，成为各国之间加强文化贸易、提高文化产值的重要领域。面对国外演出纷至沓来、不断创下票房新高、贸易逆差严重的现实状况，中国表演艺术团体开始日益重视对外文化贸易。在文化部对文化产业做出"走出去"的战略部署指导下，表演艺术团体面临巨大的机遇和挑战，正在将表演艺术产品尽可能多地打入国际市场。"走出去"的表演艺术门类增多了，质量提高了，表演艺术在发展文化经济和出口创汇方面，发挥了应有的作用。

（二）技术维度分析

国家技术支持力度加大，高新技术双向融合趋势加强，产学合作进一步加深。首先，随着文化兴国战略的实施，国家加大了对舞美设计、舞台布景创意和舞台技术装备创新的支持力度。国家安排专项资金和硬件装备，为民营表演艺术团体提供排练场地、演出场地和演出器材等方面的支持，逐步解决了表演艺术团体，特别是中小型民营表演艺术团体长期以来存在的资金缺乏、技术落后、装备陈旧的问题。其次，文化科技是文化艺术的重要载体，繁荣艺术舞台需要舞美技术手段的配合，需要不断吸收和应用高新技术，依托高新技术增强表演艺术的表现力、感染力和传播力（郑怡文，2005）。随着科技进步，数字技术给表演艺术带来巨大变革（马礼民，2006）。科技成为支撑舞台技术发展的根本因素（孟爱红，2010）。中国的舞台技术呈现机械化程度高、手段多样化的特点（阎德琛，2007）。为提升表演艺术团体的技术和装备水平，国家通过文化科技提升计划和文化科技创新项目，开始研发具有自主知识产权的核心技术，加强技术改造，推动高新技术成果向表演艺术领域的转化，鼓励对舞台剧目的数字化转化，支持开发适宜互联网和移动终端的表演艺术数字产品，促进科技与艺术双向深度融合。中央歌剧院为实现文化部倡导的"提高文化科技的发展目标"，响应"文化与科技的高度融合"的号召，在开展科技创新工作方面，率先迈出了前瞻性的一步。目前，数字展演技术在仿真技术、智能创意平台实施交互仿真计算、表演定位传感系统、真三维显示设备、数字展演评估等方面已经取得了一定的自主创新成果（杜锦，2011）。最后，表演艺术团体与高校的合作进一步加深。2011 年中央歌剧院与北京理工大学合作成立"数字化舞台联合实验室",掀起了表演艺术团体与高校合作创新的高潮,艺术与科技的融合创新大大加深。

(三) 社会维度分析

近年来,中国社会支持系统逐步完善,社会力量的广泛参与为繁荣演出市场打下了坚实的社会基础。首先,国家做出推动文化产业成为国民经济支柱产业的重要部署,出台了推动文化产业发展的各项政策和相关法规,为中国表演艺术团体提供了良好的社会支持环境。目前,文化部完成了"十三五"时期文化改革发展规划初稿,印发了《"十三五"时期贫困地区公共文化服务体系建设规划纲要》,各领域专项规划、地方规划及区域协同发展规划的编制也在积极推进。文化部制定《关于支持戏曲传承发展的若干政策》,启动了全国地方戏曲剧种普查,扶持戏曲剧本和"名家传戏",实施戏曲剧本孵化计划,组织了全国地方戏优秀中青年演员汇报演出,支持 100 多家优秀基层戏曲院团购置和更新演出设备。演出市场发展和监管工作也迈入了新阶段。落实"先照后证"要求,定向修改营业性演出管理的法规,制定改进审批工作的文件。应对网络音乐、涉外演出市场的新动向,出台了系列加强内容管理的新政策。其次,现代公共文化服务运行机制不断创新,公共文化设施免费开放继续推进,群众文化活动广泛开展,文化志愿服务更加制度化和规范化。中办、国办印发《关于加快构建现代公共文化服务体系的意见》,对现代公共文化服务体系建设进行了全面系统的顶层设计。文化系统积极贯彻落实,已有 21 个省(区、市)制定了实施意见和标准。国办印发了《关于推进基层综合性文化服务中心建设的指导意见》,转发了《关于做好政府向社会力量购买公共文化服务工作的意见》之后,文化部开展了建设试点并制定了专门的管理办法。国家公共文化服务体系建设示范区(项目)创建活动继续开展,启动了第三批示范区(项目)资格评审。再次,宽松的演出市场准入政策,促进了中国表演艺术团体从生产到经营等各个环节的革新和发展。2002 年文化部修订了《营业性演出管理条例实施细则》,对演出市场准入政策进行了大幅调整,取消了演出单位主体资格的所有制限制,符合规定的单位或个人均可依法投资兴办演出单位,举办演出活动。中国演出行业协会也得到了新的发展，其下设演出经纪、剧场、演员、编导、制作、儿童艺术演出、中小企业7个专业委员会，设有25个省级演出行业协会，拥有近万个会员单位。协会会员包括文艺表演演出团体、演出场馆、演出公司、演出经纪公司、演出票务公司、舞美制作公司的单位和个人。最后，全国各级表演艺术团体坚持"贴近实际、贴近生活、贴近群众"的原则，通过"文化下乡"、低票价演出等方式，切实做到"月月有公益场，场场有低价票"，充分体现其面向基层、服务人民的社会责任，使表演艺术文化传承和文化交流的功能得到淋漓尽致的体现。

三、中国表演艺术团体发展存在的主要问题

由于受到内外部体制和机制的约束，中国表演艺术团体的发展面临着一些现实的困境，导致近年来表演艺术团体改革徘徊不前，表演艺术消费市场不景气，表演艺术团体发展困难重重。

（一）经济方面

经费自给率低，需要国家财政的长期扶持，产业属性与市场体制总体上不兼容，尚未形成完整的产业链及成熟的产业集群。首先，表演艺术团体生产率的增长很大程度上是得益于国家的支持。2014年表演艺术团体总收入226.4046亿元中，有119.5914亿元来自政府财政拨款，占到总收入的52.82%，演出收入75.7028亿元，仅占总收入的33.44%。作为衡量表演艺术团体自身造血能力的重要指标的经费自给率还处于相对较低的水平。表演艺术团体在缺乏社会组织足够的捐赠和赞助，缺乏足够的忠实的艺术消费者的情况下，要形成稳定的消费市场，需要国家财政的长期扶持。其次，表演艺术市场的供给与需求不足，艺术供给与艺术需求之间的不对称矛盾，以及艺术生产规律和市场营销规律之间的矛盾难以调和。表演艺术市场的价格机制失效，投入与收益间的关联性部分断裂，市场化改革措施的作用较为有限。由于表演艺术团体固有的劳动密集型产业属性，使其处于生产力滞后的领域，其很难在成本一定的情况下提高艺术产出或在艺术产出一定和不引发"艺术赤字"的情况下降低成本，因此其产业属性与市场体制在总体上不兼容。最后，虽然部分地

区的表演艺术团体在一定程度上形成了演艺文化产业链，探索走上了非营利性的集群式发展之路（方世忠，2007），但表演艺术团体在构建产业链和发展产业集群的过程中，由于产业属性与市场体制之间的矛盾，尚未形成完整的产业链，加上基于传统地域均衡理念的行政区划和层级布局未能削减，像美国纽约百老汇和英国伦敦西区一样成熟的表演艺术团体集群还未能形成。中国表演艺术团体和剧场的分布基本上都是依循传统的行政区划，按照中央、省、市、县的行政层级来进行均衡性布局的。虽然这种布局结构实现了表演艺术在全国范围的普惠价值，有利于社会效益目标的实现，但却与表演艺术团体的产业化发展理念背道而驰，难以形成区域竞争合力的产业集群，制约了中国表演艺术团体的成长壮大。

（二）技术方面

技术效率较低，自主创新能力较弱，与高新技术融合程度不够。首先，在快速发展的文化科技体系中，尽管现代艺术生产过程注重引进高新技术，但高新技术一般集中在舞美领域和表演以外的其他领域，表演艺术作为一种"活的艺术"，其技能型产品的本质，决定着它始终处于技术的低端，很难从劳动密集型转变为技术密集型。目前，表演艺术团体，特别是中小型表演艺术团体的自主创新能力仍然很弱，传统表演艺术形式重复建设严重，规模效率低，新兴的表演艺术形式，在内容创新和表演创新等方面的探索性，以及市场培育等方面还存在明显不足。其次，表演艺术团体作为劳动密集型产业，受科技发展的影响相对较小。虽然中国表演艺术越来越重视提升其科技创新力和艺术表现力，重视艺术与科技的融合，但由于资金缺乏、技术落后、稳定的消费市场尚未形成，在创新技术的研发和运用方面，与发达国家还存在着相当大的差距，存在着长期以来舞台布景创意制作、表演艺术与高新技术融合程度不够的问题。特别是以戏剧为代表的中国传统表演艺术，仍较多地采用布景设计缺乏创意，制作工艺笨重，浪费资源、破坏环境的传统技术，严重制约了中国表演艺术的发展。

（三）社会方面

社会支撑制度供给不足，社会保障政策落实不到位，非营利表演艺术组织发展缓慢。首先，建立完善的社会保障政策，优化改革支撑体系是深化经济体制改革和文化体制改革，推动表演艺术团体发展的必要环境。由于历史遗留问题，表演艺术团体存在多部门管理、多头领导等问题，使中国表演艺术团体法规主要是以政策规范性文件和行政规章的性质存在，法规体例较细，缺乏体系化的统一法规，而且一些条例比较陈旧，已不能适应当前表演艺术团体的新情况。直至中宣部、文化部于 2009 年颁布的《关于深化国有文艺演出院团体制改革的若干意见》，2011 年颁布的《关于加快国有文艺院团体制改革的通知》，才再次为中国表演艺术团体的改革指明方向。由于缺乏统一、全面、完善的法规及未能杜绝职能部门的腐败现象等原因，使相关政策法规的执行也不到位，未能发挥应有的作用。例如，中国虽出台了《著作权法》等相关保护知识产权的法规，但盗版现象仍屡禁不绝。中国的《文化产业促进法》、《营业性演出管理条例》等也有待进一步完善并落到实处。其次，中国对非营利表演艺术组织的重视和支持不够。除了 2007 年财政部下发的《国家税务总局关于公益救济性捐赠税前扣除政策及相关管理问题的通知》以外，中国很少有促进非营利表演艺术组织发展的政策。中国非营利表演艺术组织的发展是一个薄弱环节。虽然上海大剧院艺术中心已经在探索面向市场的非营利性表演艺术发展模式，成立了上海大剧院艺术中心艺术发展基金，主要资助作品原创、精品引进、国际交流、人才培养和艺术教育，但总体来说，中国非营利表演艺术组织发展缓慢。

四、三维对策建议

表演艺术团体的发展离不开经济、技术、社会三维力量的参与和支持。通过分析中国表演艺术团体的发展现状，针对其在发展过程中出现的主要问题，中国表演艺术团体应从经济、技术、社会三个方面出发，立足现状，总结经验，走可持续发展道路。

（一）经济维度

中国表演艺术团体应进一步解放和发展生产力，提高经费自给率，加快产业链和产业集聚区的建设，推进产业化运作，从而推动中国表演艺术市场体系的建立完善。首先，表演艺术团体应面向市场，以观众需求为出发点和最终归宿，开发适应市场需求的表演作品，建立科学的组织管理制度，把高新科技成果引入艺术的生产、经营、管理与服务的各个环节，积极开展营销活动，进一步解放和发展艺术生产力，提高经费自给率，增强参与市场竞争的能力。其次，表演艺术团体应将产业链上的多种企业通过分工协作链接在一起，锻造一个以创意为龙头、以内容为核心的完整的产业链，形成产、供、销一条龙，实现价值链上下联动、相互衔接、一次投入、多次产出的创意价值最大化。表演艺术团体还应抓住表演艺术团体集群发展模式改造的重大机遇，按照市场规则，遵循市场机制，打破传统行政区划和层级布局的表演艺术院团结构，在区域范围内进行同类资源的重组和互补资源的整合，重新进行产业的整体规划和布局，打造现代性的表演艺术团体集聚区，建立区域性战略协作联盟，形成产业互补的产业集聚效应，推进其产业化运作。最后，完善的市场经济体系是表演艺术团体商业化运作的基础。要培育和完善表演艺术市场体系，应遵循市场规律，厘清政府和表演艺术团体、政府和市场两方面的关系。政府应转变职能，从直接管理向监督和服务并重的宏观管理转变，营造让表演艺术团体独立发展、自主经营的生存环境，建立健全演出市场法律法规体系，加强执法监督力度，规范市场行为，运用法律和行政手段维护演出市场的繁荣发展，确保维系其生存和发展的机制有效运转。政府还应鼓励国际市场的拓展，培育艺术消费市场，推进表演艺术市场规范化、品牌化和产业化建设。

（二）技术维度

中国表演艺术团体应提高自主创新能力，从而推动艺术与科技高度融合的表演体系的完善。首先，自主创新是中国表演艺术团体的活力之源。表演艺术团体不仅应加大舞美设计创新、舞台布景创新和舞台技术装备创新的力度，将舞台技术创新与舞台艺术的创作实践融为一体（胡新巧，2011），还应加强对包括舞台技术管理在内的舞台管理的创新，提高舞台综合管理水平（卢黎，2012）。此外，还应开展包括观念、体制、机制、市场、人才、环境等多方面的创新，提高综合自主创新能力。其次，中国的舞台技术应向着数字化和网络化方向发展，以强大的智能化计算机平台为支撑，采用更加智能化的手段，将高新科技融入表演艺术中，在创意、编排全程实现数字化和系统化，将现场表演与视频、全息舞台、灯光、音响系统互连，实现现场演播厅与网络剧场实时传播、三维虚拟交互，将数字化科技成果转化为现实互动模式，将动漫、网络游戏虚拟的舞台场景与传统舞台实景结合起来，创作出更佳的视觉效果，不断提高表演的整体艺术水平。

（三）社会维度

中国应建立宏观管理体系，完善并落实社会保障政策，建立微观管理体系，鼓励非营利性表演艺术组织的发展，健全行业协会的管理职能。首先，应建立以分类管理为核心的宏观管理体系，即要营造宏观配套政策环境，在建立推动表演艺术团体整体发展政策的基础上，依据表演艺术团体的不同性质、特点、经费来源等，制定具体的改革政策和管理措施，并以此来确定各个表演艺术团体不同的发展目标和市场定位，使政府更有利于对不同类型的表演艺术团体实行分类管理和指导。其次，应建立以法人治理结构为核心的微观管理体系，即在表演艺术团体转企改制的过程中，建立科学化、规范化的组织管理制度，建立鼓励非营利性表演艺术组织的建立和发展的政策，鼓励非营利性表演艺术组织的建立和发展，使其适应社会主义市场经济的运行机制。最后，行业协会是政府与行业之间的桥梁和纽带。应加快政府职能转变，在政府所退出的管理领域引入行业管理，健全行业协会的管理职能，由非营利性质的行业中介组织来担负监管、拨款等相关职能。表演艺术行业协会应以行业自律为核心，以行业的规范化、标准化建设为主要工作，建立与行业需求相适应的服务体系，履行行业职责，践行行业自律，推动中国表演艺术团体的发展。

五、结论

随着文化兴国战略的实施，中国表演艺术团体借势获得了新的发展动力，呈现出新的局面，但表演艺术团体还存在很多问题：经济方面，表演艺术团体的经费自给率低，需要国家财政的长期扶持，表演艺术团体属性与市场体制总体上不兼容，尚未形成完整的产业链及产业集群；技术方面，技术效率较低，自主创新能力较弱，与高新技术结合不够；社会方面，社会支撑制度供给不足，社会保障政策落实不到位，非营利表演艺术组织发展缓慢。因此，中国表演艺术团体应进一步解放和发展生产力，提高经费自给率和自主创新能力，加快产业链和产业集聚区的建设，推进产业化运作，推动表演艺术市场体系、艺术与科技高度融合的表演体系的建立和完善。同时，建立宏观管理体系，完善并落实社会保障政策，建立微观管理体系，鼓励非营利性表演艺术组织的发展，并健全行业协会的管理职能。总之，中国需从经济、技术和社会三个方面出发，形成三维合力，共同推动表演艺术团体的可持续发展。

参考文献

［1］David F. Prindle. Risky Business：The Political Economy of Hollywood ［J］. Boulder, Colo.：Westview Press, 1993：34.

［2］Herwitz Daniel. Opera in the Americas/American Opera：An Introduction ［J］. Opera Quarterly. 2006, 22（3/4）：395-397.

［3］James Heilbrun. Empirical Evidence of a Decline in Repertory Diversity among America Opera Companies 1991/1992 to 1997/1998 ［J］. Journal of Cultural Ecomomics, 2001, 25（1）：63-72.

［4］James Heilbrun. Baumol's Cost Disease ［M］. 2nd ed. A Handbook of Cultural Economics, UK：MPG Books Group, 2011：59-67.

［5］Leaf Jonathan. America's Opera Boom ［J］. American, 2007, 1（5）：40-48.

［6］Leo Braudy. The Frenzy of Renown：Fame and Its History ［M］. 1st ed. New York：Knopf Doubleday Publishing Group, 1997：524, 550.

［7］Pierce John. Programmatic Risk-taking by American Opera Companies ［J］. Journal of Cultural Economics, 2000, 24（1）：45-63.

［8］Ruth Towse. Performing Arts ［M］. 2nd ed. A Handbook of Cultural Economics, UK：MPG Books Group, 2011：331-333.

［9］William J. Baumol, William G. Bowen. Performing Arts-The Economic Dilemma：A Study of Problems Common to Theater, Opera, Music and Dance ［M］. New York：The Twentieth Century Fund, Inc, 1966：3.

［10］理查德·E. 凯夫斯. 创意产业经济学：艺术的商业之道 ［M］. 北京：新华出版社，2004：168.

［11］杨永忠，林明华. 文化经济学 ［M］. 北京：经济管理出版社，2015：1-5.

［12］杜锦. 数字化舞台技术与两岸戏剧 ［J］. 两岸关系，2011（9）：56-57.

［13］方世忠. 走集群式非营利性表演艺术发展之路 ［N］. 中国文化报，2007-9-17

（1）.

［14］郭英德．传统戏剧表演艺术传承人的特性与功能［J］．天津社会科学，2008（3）：103-104.

［15］胡新巧．舞台技术在戏剧舞台艺术创作中的运用与创新［J］．大舞台，2011（6）：10.

［16］卢黎．浅谈舞台管理的创新［J］．剧影月报，2012（5）：37.

［17］厉无畏．创意产业导论［M］．上海：学林出版社，2007：31.

［18］马礼民．当代强大的数字平台——舞台技术与艺术的对话［J］．演艺设备与科技，2006：13-15.

［19］孟爱红．舞台技术赢得发展先机靠科技［J］．华章，2010（19）：51.

［20］王馥纯．浅谈艺术院团的营运模式及现状［J］．大舞台，2011（2）：232.

［21］王小宁．美国新时期原创歌剧繁荣原因之探究［J］．福建教育学院学报，2006（4）：99-102.

［22］阎德瑈．舞台技术的发展与戏剧演出［J］．艺术科技，2007（2）：48-49.

［23］俞健．加拿大、美国舞台技术考察报告［J］．艺术科技，1995（2）：8-13.

［24］周以然．农民工艺术团体发展模式探讨［D］．上海：上海戏剧学院硕士学位论文，2010：44，52.

［25］郑怡文．舞台技术多媒体管理信息系统的研究和开发［D］．杭州：浙江工业大学硕士学位论文，2005：75.

［26］杨磊．中国演出行业协会在京举行揭牌仪式［EB/OL］．国际在线［2012-7-24］．http：//gb. cri. cn/27824/2012/07/24/6611s3781909. htm.

［27］2012回眸特刊：2012年十大文化新闻［EB/OL］．光明网［2012-12-18］．http：//politics. gmw. cn/2012-12/18/content_ 6050220. htm.

［28］图文解说2015年文化工作成果［EB/OL］．中华人民共和国文化部［2016-01-07］．http：//www. mcprc. gov. cn/whzx/whyw/201601/t20160107_460201. html.

［29］文化体制改革走向纵深99.86%国有文艺院团改制［EB/OL］．人民网［2012-11-05］．http：//politics. people. com. cn/n/2012/1105/c1026-19496446. html.

［30］中华人民共和国国家统计局．中国统计年鉴2015［EB/OL］．http：//www. stats. gov. cn/tjsj/ndsj/2015/indexch. htm.

Study on Present Developing Status of China's Performing Arts Groups from Three-dimensional Perspective

HUANG Xiao-yi, ZHONG Lin

Abstract: Performing arts have formed the characteristics of economy, technology and society and their development depends on three-dimensional support of economy, technology and society. On the basis of three dimensional frameworks of economy, technology and society, this paper deeply analyzes the present situation of China's performing arts groups and finds that there exist main problems of low self-sufficiency rate, incompatible with market system, incomplete industry chain and industry cluster; weak capability of independent innovation, insufficient combination with the high and new technology; insufficient supply of social support system, poor implementation of social security policies, slow development of non-profit performing arts organizations. Therefore, it is rather urgent to form three-dimensional join forces of economy, technology and society to achieve their sustainable development for China's performing arts groups.

Key words: Performing arts groups; Current situation; Economy; Technology; Society

创意管理评论·第1卷

CREATIVE MANAGEMENT REVIEW, Volume 1

跨学科研究

Interdisciplinary Research

网络时代的小微文化生产：媒介技术视角下的政策解读[*]

◎ 董鸿英　张 铮^{**}

摘要：随着"互联网+"概念的风行，互联网作为一种变革话语被引入了越来越多的产业领域。在文化产业领域，网络化社会不仅带来小微企业的繁荣，也更新着文化生产的组织模式和工作方式。借助"小世界网络模型"，本文对网络社会的媒介技术特质进行分析，提出从"生产者"生产向"参与者"生产的概念转换，进而重新思考文化生产与消费的权界问题。分析网络时代与文化生产的互动趋向，对于思考我国小微文化企业的支持政策，有望提供更清晰的理解和研判。

关键词：网络时代；文化产业；小微文化企业；文化产业政策

---

* 基金资助：本研究受到国家自然科学基金课题"数字文化产业小微企业的成长环境研究：多水平研究的视角"（项目批准号：71303129），国家社科基金重大项目"我国文化产业政策研究"（项目批准号：09&ZD015）资助。

** 董鸿英：清华大学新闻与传播学院博士后，清华大学国家文化产业研究中心助理研究员，研究方向：文化产业管理，E-mail：354274533@qq.com。张铮：清华大学新闻与传播学院副教授，清华大学国家文化产业研究中心主任助理，研究方向：文化产业管理。

一、引论

观察"小微文化企业"的升温需要一个大的参照系，相关者则为"小微企业"声势的逐日壮大。因其微小，成其繁茂，小微市场单元独有生机与适应力，在复杂多变的后工业化社会恰逢其时。在现代小微生产形态发达的国家，以意、英、德为例，超过95%的企业为小微企业①。中国经济"新常态"背景下，经济增长方式正在转换，前进驱动力复归民间，小微企业的发展获得空前想象空间。2014年12月，中央经济工作会议首提经济"新常态"九大特征，为小微企业鼓气助威，明确指出"新兴产业、服务业、小微企业作用凸显，生产小型化、智能化、专业化将成产业组织新特征"②。2014年4月至2015年4月，国务院数次就扶持小微企业发展召开专题会议，议题集中于减税降费、简政放权、大众创业、万众创新等。"互联网+"、"众创空间"等创新、创业概念风行上下。"小微企业"对于激励创新、吸纳就业、稳定增长作用显著，已逐步成为国家经济降低结构风险、实现平稳升级的重要战略选择。

文化产业是小微生产形式的重点领域。世界范围内，它被视作知识经济、创意经济或美学经济的典型业态。相较于"小微企业"，"小微文化企业"在国家发展格局中，除经济功能外，还发挥着独特的文化功能，包括保护和传承文化多样性，丰富人民多元文化体验等。按照《中小企业划型标准规定》及我国文化产业发展实际情况，从业人员100人以下的文化企业属于小微文化企业，10人以下为微型文化企业③。目前我国小微文化企业数量占比超过文化企业总数的80%，从业人员约占文化产业从业人员总数的77%，实现增加值约占文化产业增加值的60%。加上200多万文化类的个体创业者、经营者、工作室，小微文化企业对我国文化产业发展的贡献还将大大高于这个比例④。

---

① 资料来源：意大利中小企业概况．中华人民共和国商务部官方网，中国驻意大利大使馆经济商务参赞处．http：//it. mofcom. gov. cn/article/f/zwjingji/201108/20110807699444. shtml，2011-08-17。
② 澎湃新闻网．中央经济工作会议闭幕首提经济"新常态"九大特征［ED/OL］. http：//news. sohu. com/20141211/n406872393. shtml，2014-12-11.
③ 参见：《中小企业划型标准规定》，工信部联企业［2011］300号，2011年6月18日。
④ 新华网．文化部：小微文化企业占八成保持中国文化多样性［ED/OL］. http：//news. xinhua-net. com/politics/2014-08/19/c_1112144388. htm，2014-08-19.

网络时代的小微文化生产：媒介技术视角下的政策解读

Small-micro Culture Production in the Network Era: Policy Interpretation from the Perspective of Media Technology

2013 年 11 月，中共十八届三中全会明确提出"支持各种形式小微文化企业发展"的要求。2014 年 8 月 18 日，文化部联合工信部、财政部印发《关于大力支持小微文化企业发展的实施意见》（文产发［2014］27 号，以下简称《意见》），从创新能力、发展环境、金融服务、财税支持、公共服务五个方面提出支持小微文化企业发展的政策措施①。这一文件回应了十八届三中全会决定的要求，也是国家部委层面首次发文对小微文化企业支持政策进行专项部署。《意见》一出台，"小微文化企业"的受关注度迅速提升。小微文化企业被进一步纳入到国家文化产业大发展、大繁荣的蓝图中，以产业辅导和政策促进的方式对之进行激励，意味着重要的顶层思考。

回顾近年来文化部对培育文化产业市场主体的相关政策，"扶持中小微文化企业"与"培育骨干文化企业"是相对应的，也是地位有别的。如 2012 年颁布的《"十二五"时期文化产业倍增计划》中，更为显著的发展思路是实施重大项目带动战略，打造具有国际竞争力的"文化航母"。而此次《意见》给出的政策信号，则将小微文化企业的地位和作用提升到前所未有的高度，标明了未来一段时间的政策重心所在。2014 年 8 月，时任中国文化部部长蔡武表示："中国文化产业的发展，需要一批'顶天立地'的骨干文化企业，更需要'铺天盖地'的一大批小微文化企业②。"学者熊澄宇指出："文化产业的发展需要有一个良性的生态，这样一个生态不能光靠文化航母，还必须要有大大小小的舢板才能构成良性的文化产业生态③。"

对于小微文化企业的重视，在诸多文化产业的发达国家由来已久。英国作为世界上第一个政府明确提出发展创意产业的国家，从布莱尔政府成立"英国创意产业特别工作组"的 1997 年至今，10 余年间创意产业成为英国容纳就业的第一大产业，产值增长速度远高于总体经济。但在文化企业规模上，英国创意产业中超过九成是人数规模在 1~10 人的小微企业④。对文创产业投入不

① 人民网. 文化部等三部委联合出台政策支持小微文化企业发展［ED/OL］. http://culture. people. com. cn/n/2014/08/19/c87423-25494462. html，2014-08-19.

② 新华网. 文化部：小微文化企业占八成保持中国文化多样性［ED/OL］. http://news. xinhua-net. com/politics/2014-08/19/c_1112144388. htm，2014-08-19.

③ 中央政府门户网站.《文化部"十二五"时期文化产业倍增计划》解读［ED/OL］. http://www. gov. cn/gzdt/2012-03/09/content_ 2087991. htm，2012-03-09.

④ 熊澄宇. 世界文化产业研究［M］. 北京：清华大学出版社，2012：97，99.

遗余力的韩国被认为是一个文化领域倾向于凸显大企业作用的国家，在产业发展中形成了"政治—经济—媒介"强强联合的特征。但随着手游公司等大量小微文化企业的崛起，韩国政府迅速跟进，韩国文化产业振兴院（KOCCA）主导成立共济基金帮助化解小微文化企业融资难题，国家品牌委员会则着力引导小微企业在产品及品牌文化中使用体现本国文化基因的要素。

　　小微文化生产的意义和价值在我国现已备受关注，本国学界对小微文化企业的研究随之升温。研究的面向主要包括：一是针对小微文化企业的投融资与金融创新，这类研究指向现实焦点和难点问题，在目前相关研究成果中占据绝大多数；二是小微文化企业发展与地方产业结构转型升级；三是小微文化产业政策法规研究。本文认为，小微文化企业的支持政策，非一时的权宜之策，其背后潜藏着巨大的社会变革内容。这个变革内容是与信息化社会互联网的深度普及密切相关。重大媒介技术变革是一种底层革命，它将深刻地影响人的行为方式、社会的结构方式和生产的组织方式。在文化产业领域，基于网络时代新的技术和文化特质，同样显现出与工业时代截然不同的文化生产理念、生产和消费方式。通过媒介技术视角，对互联网环境下文化生产的模式演进和结构变化予以充分关注同样至关重要。本文尝试从网络时代信息传播结构变化的角度分析文化市场的两端：生产者和消费者的变化，并由此反观我国小微文化企业的政策现状，对其调适方向做出讨论。

二、结构变迁：从群体性社会到小世界网络

　　之所以今天社会的不同领域、不同程度地面临着"互联网化"① 的过程，一个基本的前提是互联网已逐步成为不可或缺的社会基础设施。互联网以人为单位的深度普及，支撑起了这样一个基础网络设施。当人与互联网相结合，成为网络上的信息节点时，传播结构与人际网络、社群结构开始融合统一。这种变化是深刻的，因为信息连接变量的改变将重构社会生产生活的方方面面。反

---

　　① "互联网化"：易观国际（Analysys International）于 2007 年提出的概念，指产业或企业的内部流程及外部活动与互联网（包括移动互联网）相结合，或被互联网改造。互联网化可以是对传统商业流程某环节的直接替换，也可以是再造商业流程本身（简化、优化或重构），还可以是创造新的商业流程。

映到文化创意的生产领域，则是今天的文化生产已在突破霍克海默和阿多诺最初所批判的"文化工业"，开始强调非工业化、标准化，更加鼓励个体创意。

（一）连接方式改变结构形态

德国社会学家齐美尔（Georg Simmel）及芝加哥社会学派关于"人际互动"微观社会学的观察视角，对我们视察和思考网络社会具有启示意义。与康德试图回答"自然如何是可能的"相对，齐美尔极力探讨的是"社会是如何可能的"。在齐美尔那里，社会学的主题不是一个静态的社会，而是一个社会化的过程，而社会化的着眼点在于社会关系①。社会构成从一定程度上可以看作社会个体成员之间因为互动联系而形成的关系体系，即社会关系和社会角色的总和。这种对于社会组织形式的理解是关注于人们的互动联系如何影响他们行动中的可能性及限制。齐美尔用"个体化"和"功能化"来概括现代社会的发展方向。这一视角如同芒福德（Lewis Mumford）和鲍德里亚（Jean Baudrillard）等城市社会学、媒介社会学领域的先驱一样，显示出一种媒介化社会背景下的技术哲学色彩。从一定意义上，社会是一种经由信息传播而建立起来的秩序，信息传播作为一个社会内聚力的基础，是社群和主权建构、劳动组织、政治管理的支撑条件。如果我们稍加推演，改变人与人信息连接的方式，就将影响社会中关系的形成和权力的分配，进而影响社会的结构方式。在人类社会形态的变革进程中，传播媒介技术对整个社会文化，乃至社会结构具有塑造力量。

也就是说，一旦确定了一个时代文化中占支配地位的媒介技术，我们就应当意识到这一技术在形塑社会的结构。互联网重构当今社会值得特别关注的一点，就是其已逐步成为新的社会基础设施。工业经济时代所依赖的能源、交通运输、银行等运转体系，正在让渡给高速宽带、云计算、智能终端、现代物流等所构建的信息经济的基础体系。虽然社会组织的网络形式并非起始于互联网时代，但关键之处在于新的信息技术范式为网络社会（Network Society）的确立提供了物质基础。按照曼纽尔·卡斯特（Manuel Castells）对于网络社会最

---

① ［德］齐美尔. 社会是如何可能的［M］. 林荣远编译. 桂林：广西师范大学出版社，2002：358-376.

基本的界定，网络社会是一种由各种节点（Nodes）通过网络连接形成的社会，而节点是曲线与已身相交之处①。社会网络理论的权威学者巴里·韦尔曼（Barry Wellman）认为"依赖互联网形成的群体或者计算机网络本身实质上也是社会网络"②。因而在网络社会中，"节点"是网络物理节点和社会节点的统一，它既可以是个人，也可以是组织；既可以是工作聚点，也可以是交易市场；它既是一种通信终端、信息处理终端，也是一种社会关系聚合点或物流集散点。作为物理节点，它根据网络交换协议进行规则下的对等联通和信息交换。作为社会节点，它充分体现网络使用者的社会关系和社会资本构建。网络把物理实体（硬件或用户）抽象成一个个平等的信息节点，那么信息传播的规则就是追求节点之间连接的可能性、经济性及聚合的有效性。这种连接方式，既非规则网络，也非绝对的随机网络，而是形成了介乎这两者之间，体现自身逻辑性的小世界网络模型（见图1）。

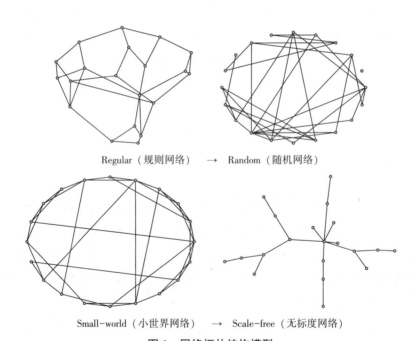

Regular（规则网络） → Random（随机网络）

Small-world（小世界网络） → Scale-free（无标度网络）

图1 网络拓扑结构模型

① ［美］曼纽尔·卡斯特.网络社会的崛起［M］.夏铸九，王志弘等译.北京：社会科学文献出版社，2001：570.

② Wellman, B. Computer Networks as Social Networks［J］. Science, 2001, 293（14）：2031-2034.

小世界网络是一类节点间具有较短的平均路径长度（Characteristic Path Length）又拥有较高的聚合系数（Clustering Coefficient）的网络的总称，且由于对数路径，随着网络规模的增大却仍保持相对短的路径长度①。在网络拓扑结构的研究中，小世界网络模型被用以作为一种对网络社会的描述（另一种重要描述是符合幂律的度分布，反映节点连接数高度不均衡的无标度网络模型）。"小世界现象揭示的稀疏随机长连接伴随丰富的局部连接的网络结构特征，本质上就是社区结构的一种阐释②。"小世界网络属于复杂网络系统，它颠覆了信息传播的中央依附结构，从微观的层面把网络使用者还原为具有行动能力的独立个体，传播能量开始从社会小分子结构中产生，并在小的信息裂变过程中积蓄。网络拓扑结构中节点间的平等、独立、互赖机制成为一种"支配性的社会过程"（Manuel Castells，2000），并且在客观上呈现了一种放大的个体价值。当微小个体之间的自由连接构建了传播的信息基础设施时，推动传播去中心化、扁平化发展，随之而来的则是网络化对中央集权式社会结构带来的冲击。伴随互联网对社会的再结构化过程，网络化逻辑在人类社会中强力扩散，这将会深刻地改变文化过程中的形式与样貌。

（二）网络化社会特征分析

网络化社会是基于"网络"（节点间的相互连接）而非"群体"（明确的边界和秩序）的社会组织形式，其相对传统群体性的社会表现出显著的不同。群体性社会有严格的边界、明确的秩序和组织认同感。前互联网时期，个体或多或少是从属于某个或某些具有确定规则的群体的。亚里士多德把群体或共同体（Community）界定成为了达到某种共同的善的目的而组成的关系或团体③。从某种意义上，具有"类"特征的群体，是体现集体主义的。在这种状态下，个人湮没于共同体之中，也即离开了共同体，个人就是一种抽象的概念。在卢梭那里，群体的凝聚力体现在"公意"，一些人形成社会，从而使那个社会成为一个整体，具有像一个整体那样行动的权力，而这权力是由大多数人的意志

---

① 黄萍，张许杰，刘刚等．小世界网络的研究现状与展望［J］．情报杂志，2007（4）：67．

② 杜海峰，李树茁，W. F. Marcus 等．小世界网络与无标度网络的社区结构研究［J］．物理学报，2007（12）：6891．

③ 苗力田．亚里士多德全集（第九卷）［M］．北京：中国人民大学出版社，1994．

和决定所构成的。为保证群体作为一种聚合的统一体，它在机制上具有严格的上下级权力规训体系和秩序性。这种秩序性发展到马克斯·韦伯（Max Weber）所赞赏的现代科层制度，基于明确的技术化、纯粹理性和非人格化而获得某种合理性或合法性，就成为德国式社会科学与美国式工业主义的结合。

互联网成为社会信息基础设施，重构了社会成员间的信息传播秩序，并极大地促进了个体的创造性和自由意志。在这种情况下，对于作为精神个体或消费个体的需求满足，往往不是一个可以直接通过"公意"来解决的问题。而社会生产，从过去需要依赖庞大的组织和机器，变得离散和碎片化。互联网提供了人以个体形式参与社会生产的重要条件。

第一是自由连接对个体意志的解放：传统的信息传播结构以传者为主导，进行"点对面"的传播，在技术上实现及时的反馈和互动，以及精准的定位是困难的。而互联网将个人即时通信和社交网络作为传播渠道，则能彻底改善人类传播历史上人际传播与大众传播相分离的状态，用户有权自主连接的个体对象，通过运用不同限度的网络连接游戏规则，可以灵活地实现出于个体意志的传播、信息交换和生产协作需求。

第二是海量信息聚合与信息匹配方式的转变：传统社会往往面临的挑战是"N！"的问题，即人和其他资源都有 N 的阶乘种排列组合方式，在这种条件下，A 与 B 任意两点间发生联系的概率基本是渺茫的。信息没有办法超越各种限制而聚合在一起，信息基本被冗余掉了，社会的组合方式也维持在相对恒定的状态。但是互联网带来了一个把信息聚合在一起的虚拟空间，而个人媒体又实现了把人和人实时匹配、有效聚合在一起的可能。

第三是集体智慧对个体的加持：互联网和个人智能终端的普及，使得人类的生存加速电子化。如果说在传统媒体时代，媒介是人某种或几种感官的延伸，那么在网络时代，个人终端实现的将是人中枢神经系统的总体延伸。这个几乎无所不能、无远弗届的技术外衣，使个人有如神助，也使人体机能进一步外化。这种人类进化加注在每一个现代人身上，令他们本身成为人化自然的一部分，也就是造就了人的整体智能全面加持的状态。

由于信息连接方式和尺度的改变，社会的生产生活组织方式有了新的结构、新的可能。群体性社会所对应的是社会关系基于邻域，较强的社会控制和高度集中的工作集团，而在网络化社会曾经的社会控制是趋于消散的，社会关系是非邻域、多样化的，工作方式呈现出网络化的自组织。这种变化不是一种个别景观，而是互联网作为社会信息基础设施后，社会生产的结构性变革。变革将会从一些将信息作为最主要生产要素的行业开始，但最终它指向一切传统产业（见表1）。

表 1　群体性社会与网络化社会特征对比

群体性社会 (Group-Centered Society)	网络化社会 (Networked Society)
群内或群间传播 Contact within and between Groups	人际传播 Contact between Individuals
群体交流 Group Contact	一对一交流 One-to-one Contact
基于邻域的群体 Neighborhood Community	多样化群体 Multiple Communities
单一联系 Homogeneous Ties	多元联系 Diversified Ties
较强的社会控制 Strong Social Control	较弱的社会控制/可转向其他网络 Weak Social Control/Shift to Another Network
与其他群体有严格界限 Tight Boundaries with Other Groups	与其他网络界限模糊 Permeable Boundaries with Other Networks
公共空间 Public Spaces	私人空间和网上空间 Private Spaces and Online
布告牌 Bulletin Boards	社交网络 Facebook, Twitter
封闭自足 Autarky	全球化、外部采办 Globalization, Outsourcing
高度组织化 Organized Recreational Groups	多变性、不确定性 Shifting Networks of Recreational Friends
高度集中的工作集团 Focused Work Unit	网络化自组织 Networked Organization

资料来源：Lee Rainie, Barry Wellman. Networked: The New Social Operating System [M]. London: The MIT Press, 2012.

三、重新理解文化"生产"：参与者与消费者

与网络所重构的其他业态一样，文化生产也在面临一种碎片化、去中心化、生产消费同一化的过程。网络时代的文化生产，需要从"生产者"生产概念向"参与者"生产概念转变，从生产过程与消费过程的分离状态转而呈现生产与消费的融合状态。文化生产的产消合一模式并不是网络时代所特有，古代作坊式生产也是一种小微模式，但那恰恰是生产力低下的表征。网络时代的小微文化生产是工业化大生产进入信息社会后的新变化，不仅在技术手段、组织结构上与前信息时代大不相同，更在工作方式和思想观念上有了质的飞跃。

（一）流动性哲学：工业化模式遭遇客场

人类社会长期以来占正统地位的哲学思想是苏格拉底、柏拉图以降，理性的、逻辑的、形而上的，倾向于秉持一种精英主义、集体主义理念，其对于人类社会理想状态的认知是德性伦理的各就其位、和谐有序。但以爱弗斯学派创始人赫拉克利特为代表，哲学史上还存在一种对流动性哲学的思考。赫拉克利特认为"一切皆流，无物常住"，他以提出"一个人不能两次踏入同一条河流"而著称后世。与赫同时代的人称他为"晦涩者"，他的思想在缺乏流变性的古代社会确实不入主流。但在今天的互联网社会，变化成为常态，IT四律"摩尔定律"、"贝尔定律"、"吉尔德定律"和"麦特卡尔夫定律"为我们大致描绘了互联网指数级的加速进化规律。IT界6年一变局、3年一波浪，每一次的技术创新都成为社会的前沿话题。变革不仅实实在在地发生在科技、实业等领域，也真切地发生在人们的社会生活中。

互联网的发展是一个技术扩散的过程，互联网的早期是技术变革驱动，经历2000年网络经济的泡沫期，互联网开始进入商业化，促生出电子商务的流行。当这一进程跨越新旧制度文明的调适期，互联网就将进入社会生活变革期。它对于传统经济的重构，正沿着技术改变产业、产业改变社会生活的路径展开。在一个信息化越来越成为生产和生活方式的时代，无论个体、组织、社群都越来越懂得在互联网中进行信息的自助。

网络化社会变得不像农业或工业社会那样容易把握，不再有唯一性或确定性的观念和原则，而成为一个流动的世界——充满易变性（Volatility）、不确定性（Uncertainty）、复杂性（Complexity）和模糊性（Ambiguity）。因为网络化社会的构成形式不是原子（Atoms），而是比特（Bits）。这是尼葛洛庞帝在《数字化生存》（1995）中为我们揭示的信息时代的认知和理念。在尼葛洛庞帝的阐释视角里，比特和原子形象化为两种对抗的力量。如果用这样的阐释视角来看待网络社会，眼前呈现的就是比特世界对人类生活方式的进一步渗透。

原子世界和比特世界是两种不同的世界观。网络化社会不是工业化模式所面临的挑战，而是所遭遇的客场。因为环境变化是结构性的。主场有天时、地利、人和，明暗规划尽在掌握；而客场，迁移奔波、水土不服、场地不熟。工业化模式偏好规模经济，要求模块化、标准化、流程化的生产和管理，相应地品种不经济。在这种模式下，人的需求是被求取最大公约数、去个性化的。但在网络化、信息化社会，倾向于范围经济、品种经济，相应地规模不经济。工业经济的前提假设是资源是稀缺的，而信息经济所对应的比特世界是一个流动的世界，它突破了传统的稀缺概念，是通过参与、分享和协作可以创造价值的新经济。

(二) 生产与消费新的权界

生产（Production）从经济学上指的是厂商或服务者将其可支配资源转变为物质产品或服务的过程。而消费（Consumption）被视为社会再生产过程中的一个重要环节，指利用社会精神或物质产品来满足人们生产或生活需要的过程。从一定意义上，我们也可以将生产和消费看作是信息（资源、要素）的一种集散和处理过程。生产是将资源要素整合来加以转化，而消费是将资源获取来加以利用。工业化生产是一种中央集权式的信息处理方式，这导致生产和消费的两相分离。大机器工厂化将人从家庭或作坊中驱离出来，成为机器、流水线和工厂的系统构件。工业化的生产、流通和消费是一种线性过程，生产环节中消费者不在场。而在网络时代，生产者和消费者是同在一个网状结构下，它们之间互动的加深，使得社会生产与消费的信息集散过程开始协同起来，并且实时的信息交换过程与实体的商品物流过程协同起来（见图2）。

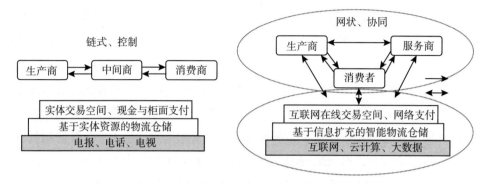

图 2　传统商业线性交易结构与 O2O 互动网状交易结构

资料来源：高红冰．从原子到比特，互联网重构传统经济的几点观察 ［J］．文化产业导刊，2014（7）：67．

文化产业大量小微企业的涌现与文化生产与消费的融合过程有着密切关联。对于这个融合过程的认知，本文认为有必要注意到以下两点：

第一，从"生产者"概念到"参与者"概念。在"生产者"时代，生产者是相对有能力掌握它可支配的资源的，对于生产什么、如何生产及如何销售，它拥有决定权和把控力。在生产与消费的线性链条中，它还可以通过消费者研究及技术和产品改进巩固自身的上游地位。"生产者生产了什么"和"消费者消费了什么东西"是可以高度重叠的。但是在网络时代，信息极大丰富，多样性大量涌现，生产者已很难梳理和掌握它可支配的资源。当社会成员被高度网络化成为社会中独立的信息节点，专业化生产的价值被稀释，生产组织变得空前复杂时，"参与者"（Participant）概念则显得更符合当下的技术文化特质。

"参与者"生产模式是一种多节点的、互动的、多向的生产组织方式。参与者模式的生产组织是以网络科技为基础，以创意为工具和方法，与网络社会中各种各样的生产参与者共存和互动，在更大的价值循环中去实现其商业模式和价值增值。参与者模式要求生产组织者能够更清晰地理解互联网环境下各类资源协作者、体验者、分享者、产品消费者，了解他们在哪里，如何与他们进行协作和互动。因而参与者模式需要完成"从产品为核心"转向"以人（节点）为核心"的价值构建，将生产与网络化的社交关系结合起来，在流变中重新把握品牌、产品和服务这些过去一度十分熟悉的概念。参与者模式适用于小微文化企业，小微文化企业正是在互联网环境下，能够灵活汲取各类资源，与其生产活动的外部参与者展开互动的有效主体。

第二，生产与消费的逐步合一。阿尔文·托夫勒在其《财富的革命》（1980）一书中提出了"生产型消费者"（Prosumer）的概念，即指生产者与消费者的合一，或者边消费边生产。消费者不再仅存在于生产链的末端，而是逆流而上，参与到生产的决策、组织与控制等一系列活动中。生产与消费在传统线性交易结构中各据一端的情形已开始动摇，它们之间的界定已变得模糊。专业型消费者的出现与当今社会公民技能革命息息相关，也是社会民主化、教育民主化进程中的一个缩影。

不难看出，生产型消费者具有强烈的自我实现需求，它们不再是面目不清的"乌合之众"。在文化生产领域，基于互联网、多媒体技术、智能终端技术的融合发展，媒体业、娱乐业与计算机业不断汇流聚合，生产消费合一的现象更为突出。随着图文、视频、音频、H5 网页制作等信息处理技术门槛的不断降低，生产型消费者参与文化内容生产和产品开发的技术条件也日臻成熟。生产与消费的权界被时代所消解，在未来，生产型消费者将创生出一种新的生活方式。

四、政策调适：在变革面前

关注网络社会信息传播结构的变迁，有助于理解当下及未来人们的生产生活方式和社会文明的构建方式。从社会机制的整体性出发，今天政府与产业共处同一个环境变迁中，而非以往二元分立的格局。这个时代的行动者，谁都不能忽视新的网络传播结构所蕴含的巨大能量。小微文化企业受到政策高度关注，不完全归因于互联网崛起，小微生产结构也符合文化异质性、多样性的本质需求。但互联网环境对于小微文化企业的生存发展具有决定性意义，是必要非充分条件。在今天互联网所引领的信息革命面前，政府与产业同样需要基于新的传播科技进行协同创新。

首先，对小微文化企业的要求和期许，不应当像过去对传统企业一样考察其市场占有率，而是应考察其市场参与力。推动文化产业发展的主要驱动力来自小微文化企业，小微文化企业的背后是新一代的生产参与者和消费者，一定程度上，就是新一代的互联网使用者。对于他们，不适用生产集团概念，而应强调生产协同概念，突破传统结构体制，要能够凝聚和引导充满多样性张力的网络世代。

其次，生产与消费的合一、生产与生活的融合既充满无限活力，也同样潜存着瓶颈。小微文化企业又被称为"温饱型企业"，其特征是相对自动自发，往往自生自灭。文化产业的小微企业主，甚至是个人创业者，对创意拥有激情，但他们中的很多是把创意生产当作业余兴趣，还没有一种商业的驱动力让他们不断思考做大做强的问题，在自然状态下缺乏战略管理、商业管理、组织管理等方面的系统思维。创意与商业之间的平衡是很复杂的问题。也因而英国政府在考虑有必要加强中间层，来连接顶层的文化政策和基层的创意个体。这个中间层包括创意经济"加速器"（Catapult）①、"孵化器"、辅导平台等。

最后，随着网络化社会信息的充分连通，各种界线被消弭，跨界和流动已无处不在，这在客观上也要求政府管理进一步地打破边界、降低壁垒。文化产业管理者应引导和鼓励社会参与、社会共建，优化创新创业环境，促进多种所有制共同发展，鼓励错位竞争、差异发展。加快建立文创产业各门类间公开透明的政策引导平台、中介服务平台及信息数据平台，增进人才、资金、信息、技术等各类要素在产业间的合理流动和优化配置。

网络时代人与信息、资源的结合方式逐步呈现自组织状态，政府角色需要随之从规则制定者、行政管理者向环境构建者、生态营造者扩展。这是一个权力赋予与权力消解并存的时代，也是一个规划重构、边界消融的时代。互联网的小世界网络要求一个开放、全球化、对等连接的规则体系，这与传统社会权力的垂直体系有着根本性的差别。在小微文化企业的政策环境的营造中，如何真正贴近它们与社会资源的互动机制，符合它们不同传统企业的成长机制，是相关产业政策仍需进一步探索的内容。

参考文献

[1] Amabile T. M. Creativity in Context：Update to the "Social Psychology of Creativity" [M]. Boulder：Westview Press, 1996.

---

① 参见：www. catapult. org. uk。

［2］Asheim B. Knowledge Bases, Talents, and Contexts: On the Usefulness of the Creative Class Approach in Sweden ［J］. Economic Geography, 2009, 85 (4): 425-442.

［3］Atkinson R., Easthope H. The Consequences of the Creative Class: The Pursuit of Creativity Strategies in Australia's Cities ［J］. International Journal of Urban and Regional Research, 2009, 33 (1): 64-79.

［4］Castells M. The Rise of the Network Society ［M］. 2nd ed. U. S.: Blackwell Publishing, 2000.

［5］Charles Horton Cooley. Social Organization: A Study of the Larger Mind ［M］. New Jersey: Rutgers University Press, 2005.

［6］Galperin H. Cultural Industries in the Age of Free-Trade Agreements ［J］. Canadian Journal of Communication, 1999, 24 (1).

［7］Gumusluoglu L., Ilsev A. Transformational Leadership, Creativity, and Organizational Innovation ［J］. Journal of Business Research, 2009 (62): 461-473.

［8］Lee Rainie, Barry Wellman. Networked: The New Social Operating System. London: The MIT Press, 2012.

［9］Negroponte Nicholas. Being Digital ［M］. New York: Alfred A. Knopf, 1995.

［10］Seidel S. Toward a Theory of Managing Creativity-intensive Processes: a Creative Industries Study ［J］. Information System E-Business Management, 2011 (9): 407-446.

［11］Tong Q. S., Hung R. Y. Y. Cultural Policy between the State and the Market: Regulation, Creativity and Contradiction ［J］. International Journal of Cultural Policy, 2012, 18 (3): 265-278.

［12］［德］齐美尔. 社会是如何可能的 ［M］. 林荣远编译. 桂林: 广西师范大学出版社, 2002.

［13］［俄］C. 谢·弗兰克. 社会的精神基础 ［M］. 王永译. 北京: 生活·读书·新知三联书店, 2003.

［14］［加］威尔·金里卡. 自由主义、社群与文化 ［M］. 应奇, 葛水林译. 上海: 世纪出版集团, 2005.

［15］［美］阿尔文·托夫勒, 海蒂·托夫勒. 财富的革命 ［M］. 吴文忠等译. 北京: 中信出版社, 2006.

［16］［英］安德鲁·查德威克. 互联网政治学: 国家、公民与新传播技术 ［M］. 任孟山译. 北京: 华夏出版社, 2010.

Small—micro Culture Production in the Network Era: Policy Interpretation from the Perspective of Media Technology

DONG Hong-ying, ZHANG Zheng

Abstract: With the prevalence of the concept "Internet+", internet, as a re-formed discourse, has been introduced into more and more industrial fields. In the field of culture industries, networked society not only brings prosperity to small enterprises, but also updates the organization pattern and working mode of cultural production. On the basis of "the small world network model", this paper does an analysis on the characteristics of media technology in network society and presents the transition of the idea from "producer" production to "participant" production, so as to rethink the problem of the power boundary of cultural production and consumption. To analyze the trend of the interaction between the network era and cultural production is expected to provide clearer understanding and judge to rethink the supportive polices for small cultural enterprises in China.

Key words: Network era; Cultural Industries; Small—micro Cultural Enterprise; Cultural Industries Policy

创意管理评论·第1卷
CREATIVE MANAGEMENT REVIEW, Volume 1

经典译文

Classic Translation

文化创业[*]
Cultural Entrepreneurship

◎ **Mark Blaug, Ruth Towse**[**]

创业是现代经济中最难以琢磨和极易被误解的概念之一；讽刺的是，它常常被许多现代经济学家极大地忽视，却又被他人错误地反复提及。因此，在讨论文化创业之前需要对经济学家所理解的创业的含义和作用进行思考。

一、简史

Richard Cantillon，一个拥有西班牙名字却定居法国的神秘爱尔兰人。在其发表于 1730 年左右的法语著作《商业性质概论》（Essai Sur La Natrue Du Commerce En General）中出现企业家一词，从现代意义而言他是第一个使用这个术语的人。在该法语著作中，他认为企业家通过冒险给市场带来竞争——"他们以确定的价格买进再以不确定的价格卖出"。他明确指出企业家和资本家的功能是不同的。资本家拥有资本并雇佣劳动力，目的是获得资本回报。企业家从事商业经营时却可以不依赖这两样（资本和劳动力）。

从这个观点来看，他远比亚当·斯密先进。亚当·斯密没有做这样的区分，而是使用英语术语"计划者"（Projector）和"承担者"（Undertaker）来

---

[*] 本文节选自 Towse R. A Handbook of Cultural Economics. Second Edition. Cheltenham：Edward Elgar，2011：153–158，在此向原文作者致以衷心感谢。

[**] Mark Blaug：先后任教于耶鲁大学、伦敦大学、伯明翰大学，研究方向：经济思想史。Ruth Towse：英国伯恩茅斯大学创意产业经济学教授，研究方向：文化经济学。

描述那些结合了资本家和管理者角色作用的商业经营者。John Stuart Mill 在他的《经济原则》一书中普及了"企业家"这个术语，却保留了斯密派关于企业家角色的概念。这个观点一直盛行，直到 20 世纪早期熊彼特的著作出现。

二、熊彼特派的观点

约瑟夫·熊彼特关心的是资本家系统通过创新实现发展的能力，他在《经济发展理论》一书中将创新者确定为企业家。熊彼特的"创新"，不同于"发明"，是指新技术、新产品、新原材料和新产业组织的发现。他认为创新是对于现状的不可避免的"创造性毁灭"力量，使经济得以发展。创业就是这种动态的改变和增长的力量，其回报就是利润。企业家也可以是资本家或公司管理者，也由于那些活动而获得回报。而且，熊彼特意识到，一旦一项新的事业被建立起来，生意就会固定下来并且失去创业的动力，企业家就会转变为单纯的资本家或管理者。这些生意先是由于创业的因素形成垄断，然后会需要进一步的创业努力来保持垄断。

三、现代发展

历经一段时间熊彼特派的观点才为现代经济学所采纳。公司的新古典理论中并没有容纳企业家和管理者的空间，因此那些不赞成新古典理论的人采纳并发展了创业的概念。所谓的新奥地利学派就创业利润的本质进行了争论，它到底是通过对熊彼特创新机会的"警觉"而被偶然发现的收入，还是积极行动去创造新利润来源机会的回报呢？一些经济学家质疑创业活动是否总是有益的创新，以及它是否只不过是以公司接管、避税努力、专利诉讼或其他类似形式存在的一种寻租行为。Baumol（1990）区分了有成效的创业活动和无成效的创业活动，后者对社会产品的减少大于增加，他还认为是资本社会的全部"游戏规则"决定了企业家行为的明确本质。

创业不仅局限于经济活动，大体上而言，那些会做出异于常人判断的个体在所有社会中都会有所表现，同经济领域一样，政治和军事领域也为创业提供了诸多适用范围。

四、文化企业家的特点

将这些问题记于心，再来思考文化创业甚是有趣。略读一下那些提到文化创业的创意产业的文献（此类文献颇多），发现许多作者和组织简单地将其看作管理的一个方面。一家文化企业家的国际网络——全球文化创业中心（GCCE），却持有一种与经济学家们相似的观点。据其网站对文化企业家的表述：

文化企业家是文化改变的代理人和足智多谋的远见家，他们从文化活动中获益。他们的创新解决方案带来了经济性可持续发展的文化企业，这些企业不仅提高了人们的生活水平，还为文化产品和服务的创造者和消费者都创造了文化价值。

大大小小的文化企业包括了那些采用"商业方法"运营艺术、遗产和文化产业的营利性或非营利性的企业。文化企业家们拥有这些特定属性：激情、远见、领导力、足智多谋及"市场悟性"（GCCE，2010）。

五、文化创业的动机

尽管如我们以下所见的许多企业家，包括文化企业家，都变得富有了，但是利润并非驱使他们的动机。正如 Swedberg（2006）指出，根据熊彼特的观点，企业家主要为非经济利益动机所驱动，如建立商业帝国、与来自于外部与内部的阻力抗衡以猎奇和最终完成项目等动机。受到熊彼特精神的启发，Swedberg 将文化创业看作是在文化范围中一些新的并被欣赏的创造力；内在的、固有的动机才是其驱动力量。但那就足以对每个文化企业都应用这个术语（文化企业家）来解释了吗？

六、营利性和非营利性的企业

许多创意产业，如广告、设计、时尚、电影、音乐录制、广播和出版，由营利性企业组成，通常是大型跨国集团，其成功标准就是盈利能力。即使小型营利性公司可能没有利润最大化的压力，但他们也需要追求足够收益来弥补成本。那些在艺术中拥有很高创新性和创业激情的个人艺术家，可能完全不是为了盈利，但也变富有了，而且其中一些确实是为了盈利。

至于非营利性企业，有相当多样的类商业行为可供采用。在美国和英国，非营利性文化企业，如博物馆和表演艺术组织，或多或少地依赖他们对消费者的号召力；在私人非营利性组织的"混合经济"模型中，成为"企业家"意味着要结合艺术创新和其他吸引更多付费听众、私人捐助和赞助的策略。虽然在许多欧洲国家，这样的组织是政府所有并且由官僚机构管理的，文化经济学家们经常抨击它们缺乏对消费者的回应，更别提它们做事时缺乏创新方法的倾向了。劝告文化组织不要过于依赖政府财政和劝其拥有创业精神是不一样的。作为荷兰国家文化部长，经济学家 Rick Van Der Ploeg 认为政府运营的文化组织中的文化企业家，其收入的 85% 来自政府补贴；所以 Baumol 的寻租概念在这里似乎更合适。然而，Acheson 等（1996）声称非营利性的状态不是企业家行为的阻碍，即使其中涉及了补贴。

七、个体的角色

熊彼特清晰地将企业家界定为个体，一个行动的人。而且，上面提及的文化企业家的特征——一个解决问题的领导者，拥有激情和眼光、警觉和精力、有想象力并且承担委托义务，似乎的确强调了个人主义的重要性。文化企业家的案例研究显示他们是文化企业的创始人——是他们自己的拥有很强个人印记的帝国的建造者。

八、文化企业家的案例研究

任何著名文化企业家的清单都应该包括：

在剧院业中，莎士比亚、伊丽莎白时期的剧作家和演员群体中的一员，拥有、建造和管理了伦敦的剧院；在我们的时代，Andrew Lloyd Webber，是一系列流行音乐的作曲家，也是 Really Usefull 戏剧公司的创始人，在伦敦拥有许多剧院，还拥有一些公司来持有自己的音乐版权，出版、复制音乐及生产自己剧院的电影。

在艺术界，Rembrandt Van Rijin 从事艺术、运营工作室、制作和出售他作品的蚀刻版，但最终破产了。与之对比的是，Peter Paul Rubens 作为艺术家，从委员会那里获得惊人的收入，运营着一个有收益的工作室，从事艺术行业并将他的作品做成版画，为此训练了一些雕刻师，变得非常富有。类似的，在20 世纪，Andy Warhol 在他的工厂以商业规模生产丝网印刷品，同时也生产原创艺术品，这都使他变得很富有。

在音乐界，意大利戏剧企业（组织）委托剧作家（通常是知名诗人）和作者（如 Bellini，Donizetti，Rossini）来制作新产品（戏剧），做出生产安排，包括雇佣歌手、音乐家、服装和道具，还需要筹措大量资金，并安排他们到处巡回演出。这种组织方式从 18 世纪中期一直运作了 100 多年，直到音乐出版商 Ginlio Ricordi，一个优秀的文化企业家，多多少少改变了这一模式。Richard Wagner 为自己的戏剧写剧本和音乐，并通过剧院设计、运作和戏剧学理论革新了戏剧的生产方式。Richard d'oyly Carte 不但创立了一家戏剧公司并委托 Gilbert 和 Sullivan 写剧本，运作音乐会代理（代表歌手 Adelina Patti 和作者 Oscar Wilde 等），通过 London 的剧院和酒店房产来获得收益。Sergei Diaghilev 创立了公司，组织巡演，委托 Debussy、Ravel、Satie、Prokofiev 和最有名的 Stravinsky 来写作剧本，雇佣 Fokine 编舞，还有传奇舞者 Nijinsky、Pavlova，并一直保持公司运作直到 1929 年去世。

在文化产业中，Walt Disney 曾是一名演员、动画设计者、剧本作者，以及世界上最有名的电影制片人和导演。2008 年，迪士尼公司总收入接近 400 亿美元。在荷兰，Joop Van Den Ende，一位德国亿万富豪、戏剧制片人、传媒大亨，也是 Endemol 公司（拥有蝙蝠侠的电视版权）的创始人之一。他的生意伙伴 John De Mol，创作了 Big Brother 和 Deal or No Deal Reality 的电视版，并因此变得富有。我们也不要忘记斯蒂芬·斯皮尔伯格，电影导演和制片人，也掌握着 Modern Blockbuster 电影公司。

上述这些人中，有一些是艺术家，通过其他的商业活动来补偿自己的艺术工作；他们在自己的艺术中是个体的创新者。还有一些是主要从事文化商业的，他们非常有名而且部分人还很富有。我们还可以举出的文化企业家不胜枚举。

但界限在哪里？比尔·盖茨是文化企业家吗？就因为他创造的软件事业？或者 Richard Branson 也是文化企业家，因为他创立了录音公司和广播站？

九、结论

总结和复述：虽然企业家可能做很多管理工作，但他不只是管理者，因为管理活动可以在劳动力市场上雇用得到；他也不是生产的协调者，产业工程师的工作也可以在劳动力市场雇佣解决；他也不是资本家，因为资本基金可以在信用市场以现有利率借到。企业家精神，却是借不到的。表征了任何形式的创业精神的东西才是经济中动态变化的暂行框架（Modus Vivendi）的本质。除非我们清空"企业家"这个词的所有意义，否则我们必须坚持它与众不同的特征，即行动的新颖性、保持领先的领导力、创造财富的能力和个性化。而且，很难说大型机构和巨型集团是如何既有创新性又有开拓能力。

文化企业家是创新者，通常但不必然是个体，他们从新奇的文化活动中产生收益。文化企业家不只是管理文化活动，他们还会发现并探索它的潜能。他们拥有一项无法购买或雇佣的特质，换言之，就是对能带来收益机会的警觉，包含新产品、新材料、新流程或所有这些要素的某种结合。

参考文献

[1] Acheson K., Maule C., Filleul E. Cultural Entrepreneurship and the Banff Television Festival [J]. Journal of Cultural Economics, 1996 (4)：321-339.

[2] Baumol W. Entrepreneurship：Productive, Unproductive, and Destructive [J]. Swiss Journal of Economics & Statistics, 1990, 98 (5)：893-921.

[3] Baumol W. The Microtheory of Innovative Entrepreneurship [M]. Princeton：Princeton University Press, 2013.

[4] Balug M. Entrepreneurship in the History of Economic Thought [M] //Rizzo M. Advances in Austrian Economics. London：Jai Press, 1998：217-239.

[5] Global Center for Cultural Entrepreneurship [EB/OL]. www. culturalentrepreneur. org, 2010.

[6] Schumpeter J. The Theory of Economic Development [M]. Cambridge：Harvard University Press, 1934.

[7] Swedberg R. The Cultural Entrepreneur and the Creative Industries: Beginning in Vienna [J]. Journal of Cultural Economics, 2006, 30 (4): 243-261.

[8] Van F., Ploeg D. The Making of Cultural Policy: a European Perspective [M] //Ginsburgh V., Throsby D. Handbook of the Economics of Art and Culture. North-Holland: Elsevier, 2006: 1183-1221.

艺术的营销[*]
Marketing the Arts

◎ Francois Colbert[**]

一、引言

传统营销理论认为公司力图满足消费者中存在的需求来获得成功。传统模型中，营销的组成部分被认为是开始于"市场"的一个序列。市场是这个过程的起点和终点。

虽然文化企业的营销模型含有与传统模型相同的组成要素，但以产品为中心的文化企业的营销模型仍是不一样的。如图 1 所示，营销过程开始于企业的产品（使用后文定义的概念）。企业试图弄清楚哪部分市场对其产品感兴趣，一旦识别出潜在顾客，公司将为这些客户决定另外三个要素——定价、渠道和促销。在这类公司中，流程顺序是：公司（产品）—信息系统—市场—信息系统—公司—剩余营销组合—市场，起点是产品而终点是市场。这种"产品到客户"的途径在非营利艺术业的确典型。

---

　　* 本文节选自 Towse R. A Handbook of Cultural Economics. Second Edition. Cheltenham：Edward Elgar，2011：266-273，在此向原文作者致以衷心感谢。

　　** Francois Colbert：加拿大蒙特利尔大学高等商业学院教授，研究方向：文化产业营销与管理。

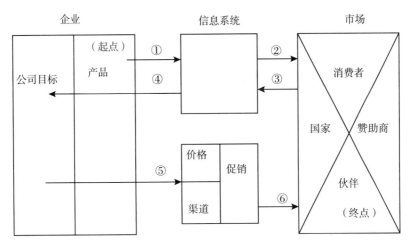

图1　文化企业的营销模型

我们可以将文化营销定义为：

一种可到达那些可能对产品感兴趣的细分市场，并且通过调整产品的商业变量——定价、渠道、促销——来使产品满足消费者的需求以实现文化企业使命目标的艺术（Colbert et al.，2007）。

下面让我们简要地检查一下这个模型的不同组成要素。

二、市场

市场就是表达其对产品、服务或想法的欲望和需求的一群消费者。欲望和需求的概念是营销的基石，也是任何营销战略的关键。因而，消费者表达其需求，文化企业也在寻找其产品能够满足需求的消费者。这些消费者既可以是个人也可以是其他组织。

一个文化公司可能服务于四种不同的市场：国家、赞助商、伙伴（分销中介商、合作生产者、分销合伙人或代言人、媒体人）及终端消费者。他们实际上是回应了不同动机的不同市场。

三、国家

"国家"一词在这里是指代各级政府，联邦的、省的和共同体的（以及欧盟），他们以各种形式支持了文化企业。在许多工业化国家，政府在文化部门中起主导作用。有时他们表现为消费者，或者进行不同程度的干预，以不同的形象出现——从简单的合伙人到整个国家文化部门的控制人。

不同国家中政府参与程度明显不同。一种极端情况如美国，其表演艺术公司的预算中只有很少一部分来自各级政府（从 0 ~ 10%）。而在欧洲的一些国家，如法国和德国，各级政府为乐团和剧院提供了高达全部预算的 80%。

四、赞助商

赞助商的支持有两种形式：捐赠和赞助的活动与产品。捐赠可能来自个人、基金和公司，赞助活动和产品（的行为）则主要来自于公司。捐赠通常是一种慈善行为，而赞助是一种换取公众关注和广告宣传的促销计划。赞助是根据提前计算的广告收益来决定的。合作赞助商通过可见度、快速响应意识及媒介可到达性（即收到信息的消费者数量）来判断投资表现。

捐赠者基于个人品位和表现提供无私的支持。比如基金，其任务和目标会决定选择。捐赠者通过得到某种形式的认同作为回报，但这种回报通常并没有激励他们的慈善行为。

五、伙伴市场

虽然有些公司直接把产品销售给终端消费者，但是大多数公司必须利用代理商或中介商的服务。分销市场由代理商或中介商组成。例如，在表演艺术中，代言人就是一个分销代理商。旅游公司利用代言人来接触特定城市或区域的消费者。几乎所有文化部门都有分销市场。然而在两个以上的实体共同投资某一项目的情况下，就会发现合作生产环节会有其他的伙伴。最后，艺术组织还会努力让媒体人来帮助他们到达受众。

六、消费者市场

已经在所有欧洲国家（包括东欧和西欧）、加拿大、美国、澳大利亚和日本进行了聚焦于文化产品消费者的社会人口统计学属性的调查。这些调查已经系统地、明确地、持续地揭示受众和消费者中的明显的两极分化。例如，高雅艺术的文化产品（更多地）吸引受教育程度（高）的消费者，而流行文化产品（更多地）吸引受教育程度较低的消费者。其他的社会人口统计学变量也与（观众）到场率有关；包括个人收入（前一种情况较高，后一种情况较低），职业类型（前一种情况是白领，后一种情况是蓝领）。而且，所有工业化国家的高雅艺术到场率都差不多，但有些变量还与特定国家的独特文化遗产有关系（如意大利的歌剧到场率和德国的古典音乐到场率都较高）。

艺术的受众主要是女性（Gainer，1993）。例如，一般而言 70% 的舞蹈观众是女性；55%~65% 的表演艺术和博物馆观众是女性；体育则相反，大约2/3的观众是男性。造成这种现象的原因可能是男孩和女孩的养育方式不同。父母态度（Gainer，1997）对孩子的偏好有主要的影响。艺术品是高投入的产品，并被感受为一种表达情绪的方式。父母认为男孩需要一些允许其释放天生的攻击性的活动，女孩则被认为是天生被动和感性的。这些被广为接受的父母态度影响了成年人向其孩子推荐什么样的活动：女孩去弹钢琴和跳芭蕾，男孩去运动。这些态度从而作为社会规范，定义了规则和未来的成年人的偏好。但这不意味着所有父母都会沿用老套路。实际上，父母对艺术的态度虽然是性别偏见的主要方面，但只是影响未来艺术消费的四个要素之一，另外三个解释艺术偏好的要素是：学校系统对艺术的态度、儿童体验鲜活艺术或博物馆的情况、作为业余者进行的艺术练习。这些要素和父母态度一起解释了文化产品的未来消费。然而，性别效应总是应该被提到的，除非父母的态度出现重大转变。

七、环境

营销战略是不能在真空中做出的；许多外在的限制影响了市场和公司。环境是由两类持续影响所有组织的要素组成：竞争，这是公司能够有所控制的；

宏观环境变量，也被称为"不可控变量"。宏观环境有五个主要变量：人口统计学属性、文化、经济、政策法律和技术；这些变量不断演化，并在长期甚至短期中影响所有公司。

例如，与 20 世纪 70 年代相比，艺术组织的经济环境已经变化了。新世纪伊始，艺术组织面对着严重过量供给的市场（Colbert, 2009）。每一年，新的艺术家从培训学校出来，新公司成立，但市场的成长很缓慢，不能吸收所有新出现的冒险投机。市场上的竞争愈加激烈。为了保持或赢得市场地位，艺术团体开始正视新的概念，如定位、客户服务质量或者信息技术的使用。

八、市场信息系统（MIS）

MIS 依赖三个关键组成要素：内部数据、由私人公司或政府代理机构发布的二手数据、公司自己收集的数据。内部数据指所有来自公司自身的可利用数据。这一点上，公司账目系统实际上比财务分析提供了更多（数据），这是一个营销专家们获取所需内部数据的丰富来源。二手数据主要是指来自于公共部门（如统计机构、艺术协会、文化部等）及从事生产研究报告的私人公司代理发布的数据。

如果内部和二手数据都不足以提供决策所需的信息，就需要收集一手资料。也就是说，消费者要接受直接提问。这通常称作市场调研。

九、营销组合

前文曾提及每个营销策略都由四个要素组成：产品、定价、渠道、促销。成功的营销依靠四要素间巧妙的平衡，所有公司都致力于通过这四要素的有力结合以创造协同效应。协同效应使这四个要素的总体效果大于各个要素效果之和。营销组合中的要素被称为"可控变量"。

（一）产品

产品是任何企业的核心部分。这一观点在文化行业特别有意义，其产品组成了任何营销活动的起点。我们使用广义的术语"产品"来指代有形商品、服务、目标或想法。"产品"与创意活动的结果有关——如表演、展览、录音带、书籍或者电视节目。

我们将产品定义为"被消费者感知的一组利益"。产品可以被它的技术维度或者象征价值描述，但最终消费者购买的是一组真实的或想象的利益。消费者根据其需求和可利用的资源，投入金钱和努力来获得产品。

根据产品独特功能、消费者特征或者消费者对产品的感知，产品复杂性可能多种多样。一些产品被认为更复杂，因为它们的技术规格要求消费者付出大量努力来熟悉其功能。然而大部分文化产品被定义为一种复杂体，特别是当产品需要特别的知识或者依赖抽象概念（这种概念又依靠消费者的鉴赏能力）。当消费者不熟悉某种类型的产品时，复杂性会更大。

尽管如此，文化或艺术行业确实存在复杂性较小的产品，如人们耳熟能详的，或者使用非常具体概念的产品。这种产品常被贴上"流行"的标签。

为了与其使命相一致，大多数文化公司必须不断向市场投放不能进行前测的新产品。新产品的研发和投放市场蕴含着相当大的风险——这种"风险"是指有可能无法满足消费者或不能实现营销目标和总体的财务目标。而且，一旦投放，大多数文化产品是不能再改变的。例如，博物馆一旦投放出一个展览，就必须将它卖给潜在的消费者（而不能再改变内容）。无法预先保证艺术家或主题能够获得成功。当然，产品越新颖，如现代艺术，在鉴赏能力和财物损失方面的风险就越大。对于已经被人熟知的经典产品，风险依然存在，但是小一些。

单单商业的成功不足以满足许多文化企业的共同使命，特别是产品导向型企业。在这种情况下，风险来自于财务和艺术性两方面。

（二）定价

每个产品都有价格，但这通常被归因于产品本身的金钱价值。价格还包括消费者为购买的行动所付出的努力，以及消费者购买产品时感知到的风险。但价格还有一个重要维度——时间；在休闲部门，这是非常有限的商品。因此产品总是有价格的，即使广告宣称它是免费的。

价格的时间维度是营销策略中非常重要的元素。例如，在表演艺术市场中，存在两类消费者：有金钱没时间的和有时间没金钱的。因此座位采取不同定价来匹配不同的购买意愿和能力。同时，剧院也会加强那些无法妥善安排时间的消费者的利益。他们出售可灵活预定的票，允许已经买票的顾客改变到场的时间；当然，这种利益（或者特权）会贵一点。对于这种顾客，金钱不是问题，是繁忙的工作限制了可用于休闲的时间。

（三）渠道

渠道主要由物理分布、分销渠道及商业集合点等部分组成。首先，要考虑产品分销的物流，即一个戏剧巡回演出或者一本书从出版商递送到读者。其次，焦点转移到渠道上的关系和多种代理人——如艺术品，其渠道网络从艺术家到生产商再到传播者。最后，选址也是公司销售成败的关键因素。书店、电影院、礼堂、博物馆的选址都必须小心谨慎。

（四）促销

促销是营销组合的最后一个要素。在一个促销活动预备阶段，公司必须知道何种产品在何地以何种价格销售，还要必须提前清楚目标顾客的主要特征及对顾客最有说服力的销售主张。

由于同一顾客群是广告、促销和营销活动的目标，这三个领域经常很混淆。它们具有一定包含关系，促销有四个相区别的组成部分：广告、人员推销、销售促进、公共关系，而营销则包括了促销。

十、两个影响要素

另外两个要素也必须被考虑在营销分析中：时间和公司独特性。所有公司都在变化的环境中运作。市场条件和消费者需求口味都随时间演变。宏观环境变量可能改变，竞争也可能调整战略。优秀的营销策略几年甚至几个月就会过时。

每个组织都有自己作为独立实体的独特性。对 A 公司来说优秀的营销策略可能并不适合 B 公司。他们的产品、市场、整体愿景都可能不同。因此把一个公司的策略照搬到另一公司是很有风险的。

十一、公司及其营销管理

营销战略决策必须始终符合公司的使命和目标；必须考虑组织的人力、财务、技术资源。

营销计划的实施要求所有相关组织有技巧的协调和所有合作部门的参与。例如，生产、财务和人力部门必须参与保证资源的可用性，财务支出前必须制定财务计划，人员必须得到指导和必要的支持。一旦战略制定，必须按照日程安排合作执行。监管允许公司比较结果和目标，如有必要则通过纠错手段调整不符之处。

十二、结论

虽然市场模型的众多元素已经被分离出来，但它们是相互依赖的。事实上，它们形成了一个相互影响的整体。

营销经理们必须很好地了解市场及其众多的影响变量。他们必须正确地判断消费者的需求，衡量特定商品需求的程度和发展趋势，并将大市场细分为几个子市场，从而利用机遇并在竞争中获得独特优势。他们还必须研究宏观环境的不同变量，任何形式的竞争都可能影响产品销售。人口、文化、经济、法律规制及技术都会不断地改变游戏规则。因此，营销专家们必须精于运用信息系统，对营销组合中的变量的操控游刃有余。

参考文献

［1］Balnaves M., O'Regan T., Sternberg J. Mobilising the Audience ［M］. Queensland：University of Queensland Press, 2002.

［2］Bennett R. Factors Encouraging Competitive Myopia in the Performing Arts Sector：an Empirical Investigation ［J］. Service Industries Journal, 2005, 25 (3)：391-401.

［3］Briggs S. Fresh Eyes：Attracting and Sustaining Young Visitors to Tate ［J］. Museum Management & Curatorship, 2007, 22 (1)：5-9.

［4］Carpenter G., D. E. Blandy. Arts and Cultural Programming：a Leisure Perspective

［C］. Human Kinetics, Champaign IL, 2008.

［5］Colbert F. Marketing Culture and the Arts: an Annotated and Selected Bibliography ［Z］. HEC Montreal: 2007.

［6］Colbert F. Beyond Branding : Contemporary Marketing Challenges for Arts Organizations ［J］. International Journal of Arts Management, 2009, 12 (1): 14-21.

［7］Gainer B. The Importance of Gender to Arts Marketing ［J］. Journal of Arts Management Law & Society, 1993, 23 (3): 253-260.

［8］Gainer B. Marketing Arts Education: Parental Attitudes toward Arts Education for Children ［J］. Journal of Arts Management Law & Society, 1997, 26 (4): 253-268.

［9］Ravanas P. Company Profile: Hitting a High Note: The Chicago Symphony Orchestra Reverses a Decade of Decline with New Programs, New Services and New Prices ［J］. International Journal of Arts Management, 2008, 10 (12): 68-87.

［10］Vincent G., Restuccia M. Marketing Culture and the Arts: an Annotated Selected Bibliography ［Z］. HEC Montreal: 2010.

创意管理评论 · 第1卷

CREATIVE MANAGEMENT REVIEW, Volume 1

文化企业家

Cultural Entrepreneurs

人文品牌心法

——让顾客用荷包为你喝彩

◎ 张庭庭[*]

摘要：张庭庭，拥有 MBA 学位却热爱文学，从创业杂志、创业辅导再跨足到企业品牌辅导。以敏锐的洞察力，扮演企业的知音、教练与经纪人，将人文、美学、创意融合商业营销经营与媒体沟通传播，深化并拔高企业品牌价值。10 多年来不仅辅导了无数的微型企业、传统产业与文创品牌，也担任许多相关政府项目的计划主持人，常受邀于两岸演讲品牌与文创经营课题，且为中国台湾《经济日报》定期撰写文创专栏，近年品牌辅导的业务更跨足两岸与国际，擅长以华人特有的文化质地，去捏塑一个个牵动人心又能赚钱获利的商业脸谱。

关键词：人文品牌心法；创意；辅导

人文品牌——凝敛舍我其谁的情怀，诚于中形于外；让顾客因你而感觉自己存在，所以愿意用荷包为你喝彩！

很多企业已经意识到，谈品牌，不是取个响亮的名字加上美美的企业形象 CI 设计与包装就可以。尤其在人人时时互联、事事物物共享的自媒体时代，面对一群喜新厌旧而且被各式商品轰炸过度的消费者，如何建构一个能被看

---

* 张庭庭：中国台湾苏活创意管理顾问公司总经理。

见、被接受、被认同、被辨识、被赞叹甚至被流传的品牌？一般谈到品牌，总是拿国际知名品牌为标杆范例。国际品牌的策略与战术虽有借鉴之处，但相对资源与市场环境大不同，对为数众多的中小企业来说，往往只能称羡，难以效颦。尤其对没有高额广告预算，没有明星代言人的企业，更需要符合现实条件的品牌经营心法。传统 MBA 教科书告诉我们，品牌营销的基础是建立在竞争思维上，以商品为主轴，各企业在不同的市场区隔中，竞逐较量。但这个时代，各式琳琅满目的商品与服务如过江之鲫，早已超过人们日常用度所需，质量也都各有擅长，除了少数功能性商品消费者会偏向理性分析比较，绝大部分商品的采购决策，其实感性因素才是临门一脚的真正关键。

一、"人"才是品牌的主轴

十几年来从事品牌辅导，经验一再告诉我，建构品牌的关键，不在能否超越竞争对手，而在能否洞悉人心，创造独特的分享价值。现在的消费者除了货比三家，购买前也爱搜寻信息参考别人意见，购买后还会上网分享自己的观察或使用经验。而消费者分享的内容除了商品本身，更有依附于商品背后的情境与故事，因此"人"才是品牌的主轴。不管是新创品牌、既有品牌想脱胎换骨或是 OEM（代工）要转型成 OBM（创品牌），将人文情感融合消费洞察，是这个年代的品牌新丝路。

华人自幼所受之文化熏陶，蕴含天、地、人的观照与生命自省，其实正是品牌的宝贵资产。人文品牌就是回归创立事业时的诚挚初心，穿透事物表象、照见本质，将经营者的生命体悟、价值好恶或行事风格，忠实反映于产品或服务的内涵，并设法将其提炼后形之于外。品牌形象就是经营者的外显样貌或是心灵映照，而这个事业正是其自我的延伸，一种舍我其谁的情怀。

企业主不一定需要有艺术底子或深厚文化背景才能打造人文品牌。文化不只是历史文物、殿堂艺术、特色民俗或经史子集、诗词歌赋，有很大一部分来自于草根智慧，来自于代代相传的谆谆教诲，来自于见多识广后的自我省觉，它其实就在你我周围。文化与创意本身是抽象的，透过企业经营者的生活触觉或哲思体悟，便有各种呈现。也许是对自己梦想的热情，也许是研发商品的灵感，也许是儿时记忆的投射，也许是对山川土地的虔敬，也许是对乡亲族人的牵挂，也许是对艺术文化的感动，也许是一段人生经历的启发，也许是对某种价值观的执着，种种人文情怀透过商品设计、包装、网页、文宣与故事等媒介传达出来，穿透人心，让人或惺惺相惜，或同病相怜，或所见略同，或对号入座。而凡此种种，其实正是企业打造品牌的必要元素。

二、人文品牌三部曲：品牌定位→品牌塑造→品牌推广

如果文化是品牌的灵魂，创意是品牌的养分，那么文化创意便是所有产业点亮品牌的那个光环，那顶桂冠。

文化是生活经验的积累、沉淀与淬炼；创意是生命视野的跨界、突破与想象。

常有人问，你们如何协助企业建构人文品牌？企业本身必须拥有超越商业获利考虑之外的价值主张或社会关怀，即使幽微未显，或无以名状。品牌是一家企业的价值与灵魂，形诸于外是一组有系统的视觉符号，但更重要的，其实是彰显企业与众不同之无形价值观与经营主张，也就是企业的核心精神。核心精神确立后，才能赋予贴切传神的品牌命名，再把核心精神化约成精简有力的品牌论述，而后浓缩成一句响亮的企业标语。当然，还要有一篇打动人心的品牌故事，以及相呼应的 Logo、包装、文案等一连串文字与视觉表现。而后才是宣传策略、通路布局、媒体曝光与社群营销。

除了把主轴从"产品"转移到"人"（包含经营者与消费者）外，还要强调右脑思维、心灵消费与写实品牌，并简化品牌建构的流程与工具窗体，让未受过管理学训练的企业经营者或团队成员，也能很快上手，进入状态。

这个过程从时间序与步骤来看，我把它简化概分为三部曲：品牌定位→品牌塑造→品牌推广，简称"人文品牌三部曲"。而从牵涉的专业领域来看，又需要商、文、艺、"E"四大板块融会贯通，形成"人文品牌完整拼图"（见图 1）。

一方面，将策略规划、SWOT、STP 分析、品牌力分析、营销 4P 等生涩MBA 术语及技法转化成平易近人的轻松语汇，融入人文品牌三部曲的流程中；另一方面，在每个阶段分别扮演企业的知音、教练与经纪人三重角色，让品牌文化力求贴近企业并具体落实成为企业文化的一部分。

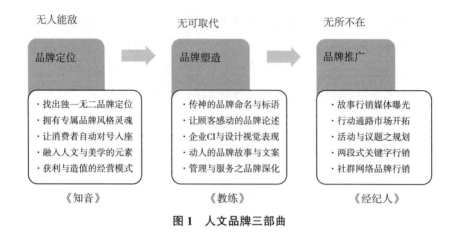

图 1　人文品牌三部曲

（一）品牌定位——无人能敌

在品牌定位阶段，先是扮演知音，深入了解企业背景、专业与经营者人格特质，再整合企业商品优势与经营管理资源，进而打造出只此一家、别无分号的品牌图腾。品牌定位是致胜关键，也是最困难的阶段，而且这一定要由企业经营者全心投入。品牌定位可从两方面着手，一方面从企业本身的特色切入，我称之为"品牌内视镜"，彻底检视企业自身的创业初心、经营条件、人文因缘、资源与策略等；另一方面则是从洞察消费者人性出发，透过贪、难、懒、怕、松、美、爱、骚人性商机八字诀，从中调整、精练出具备认同感的专属企业品牌定位，以及商品与服务呈现的样貌，进而创造出吸引特定市场，并具有获利前景的经营策略与模式。

（二）品牌塑造——无可取代

若说品牌定位是"做对的事"，品牌塑造便是"把事情做对"。写实路线的品牌建构讲究忠于自我，而且诚于中，也要形于外。包括商品造型、整体企业形象识别、故事文案、商品包装、卖场风格、文宣设计、活动场布、服务流程、特殊仪式、音乐搭配、员工态度，甚至是经营者的穿着打扮。一项个人风格、一些感官设计、一种空间氛围或一个动人故事，要由内到外，在每项细节呈现中扣紧品牌特质，形神一致，难以被模仿或取代，让消费者透过视听接收，产生绝妙感官冲击，进而感动认同，这就是所谓品牌塑造。而且不仅要能精准地向消费者传递品牌讯息与理念，并且还要力求品牌风格的一致性。为使品牌精神贯穿整个企业，在此阶段，经营者要以身作则全心投入，从上到下，对内进行品牌精神教育，将品牌内化到整个企业内部，还要对经销商、销售员进行教育，确保客户不论从哪个点、哪个管道，所得到的讯息、服务都是一以贯之。

（三）品牌推广——无所不在

于品牌塑造完成后，我们还要扮演经纪人角色，挹注媒体曝光、展售机会、网络营销、政府项目等各式资源，加速提高厂商品牌能见度与知名度。品牌营销不一定要花大钱打广告，除善用网络工具之外，关键在于想办法让自己被更多人看见，然后让资源找上门。所以尽可能化身千万，以对的姿态现身于各个对的场合，包含社团活动、网络社群或展售会等，就会有意想不到的化学效应产生。媒体就会循线而来，无须购买广告，就可能获得大篇幅推荐报道。

从品牌定位、品牌塑造到品牌推广，依循脉络层层开展，环环相扣，不需要浪掷大笔营销预算，也能打造出具有人文质感的人气品牌。

（四）人文品牌完整拼图：商、文、艺、"E"

除了依循人文品牌三部曲流程步骤，环环相扣，还有不同专业领域的融会贯通。我认为一个人文品牌所需具备的元素，大抵归纳成商、文、艺、"E"四大版块。"文"指的是文化意涵、人文素养、故事文字；"艺"指的是美学工艺、产品设计及企业形象识别、包装、文宣、展列等商业设计；"商"指的是策略定位、获利模式、市场管道等布局擘画；"E"则是网络应用、移动数字与影像智能等新兴科技媒体与工具（见图2）。

文与艺偏向右脑，商与"E"偏向左脑，每个领域各自都需要展现创意。但更重要的，也是产业界目前最缺乏的，就是把四块领域用创意连成一气、灵活贯通的能力。如何把各方高手之创意融会一炉，让品牌DNA在每个环节一以贯之、表现卓越的整体感，是品牌能否胜出的关键。

有个主要在互联网营销的糖果品牌，两位合伙人一位为硕士工程师出身的糖业第二代，另一位本身就是策划与文字高手。产品命名颇有文创氛围，加上

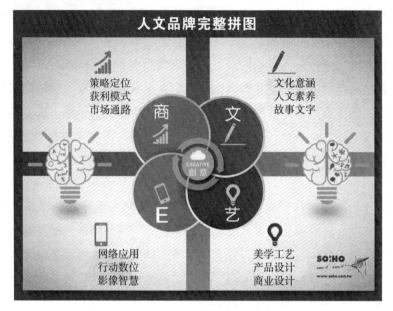

图 2　人文品牌完整拼图

料好实在，已经建立一定口碑与知名度。但他们求好心切，觉得网页与包装设计还有待改进，上课之后看中了我们团队旗下设计总监的风格，前来切磋。

乍看之下，似乎这个团队只缺少设计专业这个环节，其他万事俱备。但以两人资历与人脉，要找到设计高手并非难事，为何耽搁至今？一问果然之前试过几位设计师，"都蛮厉害的，但不知为何，出来的味道就是不对"。我发现这个品牌，一方面要求开运祈福；另一方面又强调家乡的自然生态，还有两代传承的质量坚持，品牌的主轴似乎尚未真正厘清。也就是品牌定位尚未完成，就跳到品牌塑造阶段。如此，高明的设计师也可能走进迷宫，难用锐利笔触精准描绘品牌脸谱。加上两位创办人并非设计专业，与设计师经常鸡同鸭讲，不在同一个频道。

他们的问题不算大，且毕竟有策划底子，经营团队有足够能力来解决。而很多中小品牌，包含小型文创品牌，版块缺憾问题往往更加严重。策划、文字、设计、数字营销、管道拓展等经营品牌不可或缺的要件，总是漏了几项。有自知之明且相信专业者，会寻求外部协助，找写手、找设计、找互联网营销专家等，哪里不足，就补哪里，各路文武高手聚集，这样品牌拼图不就完整了？

三、凑齐高手就可以吗

可惜事情并非如此简单。我遇到过无数企业主，营销挫折之余抱怨写手、抱怨设计、抱怨社群营销专家，或者抱怨自己资源不够或识人未明。其实问题就出在术业有专攻，隔行如隔山。彼此脑袋构造、专业思维不一样，加上做事风格、喜怒偏好、生活历练与观照事情的视角各不相同，要整编成步伐一致的作战军旅，谈何容易？

做品牌其实像拍电影。2012 年本团队为台北市政府"品牌台北"项目筹拍了一支微电影《目光之城》，内容融合了该年度 9 家辅导品牌。过程中深刻体会到，一个镜头、一抹表情、一行旁白、一段配乐的生成已各自有诸多讲究，遑论彼此要紧密合拍？幸而得与一群优秀而热血的影片工作者合作共事，灵犀相通之余，成品让大家都开心。

影片成败多半操之导演之手。导演要负责创造、掌控电影的主题与节奏，并确保团队每一个专业环节都要与之呼应紧扣，所以优秀的导演不管是摄影师、编剧还是演员出身，往往是一个很好的领导者与沟通者，并且左右脑兼具，得以和各种不同脑袋、不同专业，甚至不同国籍的奇才怪咖对话无碍。

品牌核心精神与策略有如电影的主题与节奏，在这个最高指导原则之下，文字、设计、包装、通路等便有了方向感与画面感，一方面各自发挥创意，另一方面又彼此紧密衔接，最终散发出由内到外、一以贯之的独特况味。但就如电影不能只靠 3D 科技惊艳世人，举凡剧情张力、故事意涵、角色塑造、美术绘图、场景设计、摄影、配乐等每个环节都到位，加上精密商业布局，才能发挥震慑效果。也就是说，人文、艺术、商业加上最新科技，是电影叫好叫座的必备组合元素。

企业品牌建构与经营不也如此？

四、人文品牌辅导案例：设计顽童玩家具记录情感——四一玩作

两岸文创产业拥有大量充满热忱的创意人才，但兼擅沟通与创作者却不多，能侃侃而谈创作理念与梦想的经营者更少。很多怀抱崇高理想的文创人，

一旦自己开门立户，柴米油盐伴着风花雪月扑面而来，很多考验真的难以招架。一双手，既用来创作、打计算机，也用来搬货、数钞票；一张嘴，上了台得出口成章，客户来了要喊欢迎赏光。

尤其艺术家个性的文创人，不少人很会画但不太会说，更不善书写。往往产品很有看头，但文案、包装、网站却令人摇头。10多年来我见识无数如此奇才高手，有时更有幸与这些伯牙们结缘，充当知音子期，倾耳听出他们心里的高山流水，为其转绎定调，然后与他们一起捏塑出符合其创作内涵与个性的说话腔调，让品牌灵魂得以在对的躯壳中恣意伸展。

初见黄俊盈，是在2010年"品牌台北"项目的决选会议，只见一个粗犷的汉子，拿着几件自己设计的家具作品，神采飞扬地如数家珍。虽然出言直率不加修饰，但可以感受到他对家具设计的热爱几近偏执。

那时他的品牌叫"四一国际"。获选后跟同梯厂商来上课，课堂上最多话、最搞怪的人就是他，跟一般设计师沉稳低调的风格大相径庭。我形容他好像身体里面住着一个不愿意长大的小男孩，而这个古灵精怪的小顽童，就是他的创作引擎。

原本从事室内设计，但源源不绝的创意点子加上设计人特有的傲骨，让他不甘心老是要为斗米妥协，屈就于在他看来失掉原味的客户修改意见。于是兴起自创品牌家具与家饰的念头。我发现他非常擅长图像思考，三两笔就能勾勒出一个精彩设计，"童心"更是他的珍贵资产。

（一）不按牌理出牌

"童心玩趣"，便是他与小孩情感连接的第一件创业作品。以香杉木制成的"童心玩趣"，最初的想法是帮自己的两个小孩做一张好玩的跷跷板，但加入一些设计巧思，跷跷板翻个身就变成一张长椅，两张长椅并排加上坐垫便是沙发，上下颠倒叠放则成了书架，还可以变化出床、隔间架等各种创意组合。而每个排列组合，都是一段值得珍藏的岁月，儿时玩耍、求学念书、恋爱结婚等，一张椅可以不断衍生，陪主人到老。

黄俊盈喜欢不按牌理出牌，除了把一样东西变化各种用途，还可像积木一样组合搭配，有的更充满童心与幽默。例如，明明是花瓶，花瓶底座却是镜子，两个花瓶一正一倒插上花，便成了"镜花水月"，主人揽镜自照，镜中人霎时幻化为瓶中花。

他以中国台湾的相思木，发想创作了"相思 Taiwan"系列作品。中国台湾的相思木，因为质地坚硬，容易产生裂纹，常被视为劣质木材。黄俊盈颠覆一般人对相思木裂痕"廉价"、"劣质"的印象，在他的创意之下，相思木的裂痕转变成为感动人心的有趣元素。例如，相思木做成的"灯几"，白天是茶几，晚上化身为一盏灯，其上的淡淡裂痕，会因为摆放的环境条件而产生变化，演化成各种有趣的纹理。你会发现，仿佛木头本身还有生命，也让使用者与家具有了情感上的连接，并产生参与创作的乐趣。

无用之用，是为大用。裂痕，是一般家具的致命伤，却是"四一"引人入胜的特色。除了叛逆、幽默，黄俊盈也有庄重严肃的一面。为避免破坏生态，他多利用生长期短的人造林木材来做家具，避开使用生长期长的保育类树种，为地球环境尽一份心力。在制作过程中也尽量使用最精简的步骤与工法，减少生产时所耗费的碳排放量，并保留材料原始风貌，不使用对环境造成负担的材料。

此外，"四一"的实木家具为了保留自然的原味与原色，多不上漆，除了让木头的香气能够自然散发出来外，也绝对不含对人体有害的甲醛。他开玩笑说，他做的家具可以用、可以玩，还可以拿来啃。

了解了他丰富的创作心路，我认为他缺乏一套明确而聚焦的定位论述。他虽然能言善道，但玩心强，创作灵感随性发散，设计有趣但似乎少了中心思想。而且毕竟无法化身千万，亲自面对每一个潜在顾客侃侃而谈。于是建议收敛聚焦。

（二）"记录情感的互动家具"作为品牌定位

品牌名称"四一国际"显得冷硬，与其风格不符。问他为什么叫"四一"？黄俊盈俏皮地说："因为 11 点 11 分是我的幸运时间。"我建议以"一枝草、一点露、一辈子、一棵树"等四个"一"来诠释其品牌精神。"一枝草、一点露"表达每一个生命，无论贵贱，老天都会赐予存活的条件，就如同每一枝草都可得到一滴露水的滋润。人如果努力，老天爷也绝对会眷顾疼惜，这是黄俊盈所以在创作之路上从不懈怠的原因。

"一辈子、一棵树"则贴切诠释了"四一"对家具创作的理念及对环境的疼惜。黄俊盈相信，每棵树材都是上天赐予的珍贵礼物，创作者有责任将它制成一件好家具，让它可以从小至长、从年轻到老，陪伴使用者一辈子。

品牌名称也建议由"四一国际"改为"四一玩作"，符合他玩中作、作中玩的本性。英文名称"41FURNISHINGS"不变，但特别把其中 F、U、N 三个字母用颜色跳出，凸显玩趣特色。而黄俊盈以此建议重新设计 Logo 时不改玩心，神来一笔把"作"字镜射翻转，喜欢颠覆常规的品牌精神表露无遗（见图3）。

图3　黄俊盈家具品牌标志

接下来我们试着模拟黄俊盈讲话的腔调，完成短版的品牌故事"品牌简介"，在短短数行间，道尽这个品牌人与物的精彩。

另外，产品命名与文案也是一大重点。"四一玩作"的产品强调情感，自然得在文字意境上多所着墨，以便与设计创意相得益彰。原先，"四一"的命名与文案偏向直白，多材质与功能上做文章。

例如，一款叫"压克力吧台椅"的产品，线条流畅饶富巧思，文案写着："两用式吧台椅（两面跨脚处高度不同），适合孩童也适合大人。"我把名字改成"看透吧台椅"，文案改写如下："年龄不是问题，身高没有距离。我将一切看透，载得动所有高矮胖瘦，爱恨情仇。"把材质与功能的左脑叙事，转化为拟人化的右脑抒情，借用李清照"只恐双溪蚱蜢舟，载不动许多愁"的典故，具象与抽象转换间，俏皮道出许多历尽沧桑者的心声，引发对号"入座"的共鸣。

循此轴线，后续商品命名与文案陆续出炉。黄俊盈原本不喜欢上网，以致网站有点面目索然，在新品牌名称与故事文案出来后，他不但花费一番心思让官网耳目一新，自己也开始玩起"脸书"，经常与人分享最新创作与品牌动态。

在品牌定调后，他仿佛找到明确方向，灵感源源不绝，每次跟他对谈，都是精彩交锋。以互动家具为概念的创作如春笋出土，文字功力也日有进境，并透过大量参展，实践与展现品牌理念。

展区中，只见以木作为主的家具与家饰，有放在陈列架上，有随意摆在地上，旁边摆上产品文案。每一样都任由参观者抚摸把玩，甚至一屁股坐上去，把摇摇椅当木马骑。加上柔和的灯光与轻快音乐，大人小孩的笑语声，创作者与参观者一同完成了"互动家具"的品牌使命。

耕耘网络、经常参展，图文并茂加上示范解说，于是讲座、订单、媒体与精品通路邀约纷至沓来，意外地也拉抬了原先室内设计的业务。如今黄俊盈可以理直气壮地把自己得意之作搬进客户空间，因为它连接了一家人的情感轨迹，而承载着情感记录的家具可以代代传承下去，让空间回荡着温暖记忆。

The Art of Humanities Brand

— Let the Customers Buy Your Products with Cheering Applause

Abstract：ZHANG Ting-ting, who obtains her MBA degree but ardently loves Literature, starts up her own business from establishing entrepreneur magazine, and extends to entrepreneurship consultant and enterprise branding consultant.

With keen insight, she intergrates culture, aesthetic, creativity with commercial marketing operation and media communication, which deepens and improves the enterprise brand value, as an understanding friend, coach, and agent of the enterprises. She has not only coached the innumerable tiny enterprise, the traditional industry and cultural creative brand, but also held many related government project over ten years. She is frequently invited to lecture on brand and managing subject in Taiwan and mainland, and regularly writes the special column on cultural creativitiy for Economic Daily in Taiwan. In recent years, her brand consultant business extends across the Taiwan straits and even in the worldwide, which helps the enterprises build eloquent brand and gain high profit with unique Chinese culture.

Key words: Arts of humanities brand; Creativity; Consultant

创意管理评论·第1卷
CREATIVE MANAGEMENT REVIEW, Volume 1

创意巴蜀

Creative Basu

崇德里：一个城市的回家路[*]

◎ 王　亥^{**}

　　摘要：王亥，成都人。为四川美术学院著名的 77、78 级的毕业生，1979 年大二期间以绘画作品《春》获得全国美展二等奖。获奖后改写小说，毕业拒绝工作分配后开办了成都第一家绘画培训班。1987 年迁移到香港，1989 年以作品《香港图像》获香港双年展金奖，并被时任港督收藏挂在了自己的办公室，王亥本人也逐渐成为香港文化界活跃人士。之后，开创了香港的私房菜文化，被称为"香港私房菜之父"。其和夫人共同开创的私房菜品牌"打平伙"（成都方言，AA 制的意思）成为中国香港顶级的私房菜餐厅。现居成都，主要身份为创意设计师，成都清河艺术家创作园建筑设计、泰迪熊博物馆（中国）项目设计、崇德里项目设计等都是他的设计作品。

　　关键词：崇德里；创意；设计

　　我从小就在华西上街长大，是那里的街娃儿，1978 年进入四川美术学院学习，毕业后当过一段时间的美术老师。1987 年去的香港。当时香港也正面临转型，大陆的元素还未成为香港的主力，但香港实际上已进入了后过度时

---

　　* 本文来源于王亥先生 2014 年 12 月 4 日晚在四川大学全球文化企业家讲坛的演讲记录，经李光敏整理校对。

　　** 王亥：成都本土著名文化企业家，"香港私房菜之父"。

期，但这种过度是不自觉地，香港的文化生长已开始成为大家讨论的问题（尤其是香港回归大陆后，其文化必须依靠历史文化来进行建构）。在去香港初期，我也接触并参与了很多这类的讨论。

一、人生没想到的第一件事——开餐馆

我的人生有两件事是我自己都没想到的：一是没想到自己会开餐馆。

我在香港的 27 年中，有 17 年是开餐馆当餐馆老板，另外 10 年是香港唯一一个职业艺术家。我的运气一直都很不错，我艺术上的成功离不开一个重要的原因是香港回归。香港回归让大陆成为香港文化元素的中心部分，以此为背景的艺术作品在香港也卖得不错。我在香港的第一个月就挣了 3 万元，之后将香港以前不敢去的地方都去玩了一遍，所有地方都喝了一次下午茶，选择好酒店住一晚。此后便开始觉得，当有钱以后，自己也就成了香港人，但文化之间的差异还是存在。例如，去买报纸，跟报刊老板说要买《民报》，老板会误听为"买面包"。

我的太太也是成都人，我们私下都是用成都话交流，因此去香港后我们仍完整保留了成都的方言与口味，她也很喜欢做川菜。每次回家我们都会带花椒、辣椒、折耳根之类的地方特色回香港，因为我很喜欢吃折耳根。由于朋友们对川菜很好奇，便相邀到我家吃正宗川菜，于是家里兴起了一种分享成都饮食"川菜 party"的文化氛围。由我太太主持，因为她是川音毕业的，吃完饭后还会给大家唱歌助兴，由此也形成了一种小众的川菜文化圈。

后来，刚好朋友开的酒吧经营遇到困难，应朋友的邀请，我将"川菜 party"搬到他的酒吧，开始以朋友圈的形式每周在酒吧做一次"川菜 party"。两张桌子，20 个人的座位，由我太太决定菜谱并负责做菜，我负责收费（200元/人）。我以为将"川菜 party"搬到酒吧，我就只负责收钱，还可以搬上凳子坐下吃，多安逸嘛。"川菜 party"第一次的 20 位顾客全是朋友圈的人，第二周朋友圈的客人只有一桌，第三个周末的两桌客人则全是陌生人。然后我突然发现，我再也无法坐下吃东西了，因为这个川菜再也不属于我。一个月以后，"川菜 party"未来一年的桌席全被提前预订。由于生意火爆，我就跟我老婆说："你想不想数钱嘛，想数钱我们就周五也开。"于是，"川菜 party"的

开放时间由周六逐渐增加到周五、周四也开放。

菜品的咸淡、酸、辣等口味全根据我太太口味来决定。我就跟她说：你吃多咸客人就吃多咸，你吃多辣他们就吃多辣，你吃多酸客人就吃多酸。在我这里，任何客人都没法在这个餐馆要到一碟醋，要吃醋就回家吃，我跟他们说你要吃醋就回家吃去。由于这种"反餐馆"的理念，我也将餐馆命名为"作者餐馆"（源于"作者电影"这一概念）。因此，媒体将我的餐馆称作"私房菜"（私房菜实际是过去广州人的小老婆由于吃不好给自己开的小灶）。

餐厅的第一次选址：由于生意日渐火爆，我后来将"川菜 party"搬出酒吧，并在中环选择了两栋楼之间的一个偏间，两边全是下水道管子。我觉得这些管子很好看，我特别喜欢这些管子，并对他们进行重新装修和设计，但餐厅的顾客数量仍旧只容纳 20 人。由于其地方特色的饮食文化和独具匠心的餐厅设计，让该餐馆成为香港的名人巷（该餐厅也因此上过时代周刊），香港 1/3 的名人都来过这家餐厅。

餐厅的第二次选址：我选在香港摆花街和荷李活道的十字路口，这个位置非常难找，有客人到了门口都还要找半天，搞得浑身是汗水，但因此也让顾客印象深刻。我要做的餐馆就是要让人印象深刻、一辈子都无法忘记的餐馆。餐馆生意的火爆，我也就成了餐厅的"超级 waiter"，我一走进餐馆就会不自觉地立正，客人一说买单就会稍息，有人从身边走过就会立马笑脸，而"sorry、thank you、please"是常常挂在嘴边，而且这个服务员一当就是 15 年。

我们是全香港唯一一个顾客需要提前领牌排队预定的餐馆，并且只经营晚餐。餐厅一年有两个月假期：圣诞节+元旦节、春节、复活节、暑假都会有半个月假期，星期天不确定性的放假（若本周营业 6 天，下周就营业 5 天）。因为这些"特色的地方菜肴、餐厅选址和设计、特色的销售方式与休假制度"，最终可能形成一种名声效应和轰动效应。在出售餐厅时，我也获得较好的经济效益。期间也有许多上市公司来考察，要我将私房菜馆做成连锁店，试图借用"两个艺术家开的餐馆"这一概念来进行宣传和炒作，我就跟他们说"我们两口子只想做我们自己想做的事"，我们是将开私房菜馆当成自己的一种兴趣爱好。

而且，你看人家英国或是意大利的餐馆很多都采用传代的方式进行经营"家族餐馆"，后辈接班后，餐厅老板会在父辈已奠定的基础上继续踏实经营、勤恳劳作。例如，我们去法国的三星米其林餐厅吃饭，该店的老板是第五代传人，他会和每一位去餐厅就餐的客人问好，并询问菜品、口味是否满意、是否有需要改进的地方，我也将这种氛围概括为"小餐馆文化"。1997～1998年，我开的私房菜馆所践行的这种"小餐馆文化"刚好填补了香港餐饮业"小餐馆文化"的空白。因为香港当时的小餐馆多数是只卖面或卖烧肉的单品小吃店，并非真正意义上的餐馆。比较之下，我们的私房菜馆的菜品由四道前菜、八个主菜、一个小吃和甜品所构成的丰富菜式自然而然让其成为了真正意义上的"小餐馆"。所以在成都崇德里的私房菜馆的设计过程中，更多是借鉴香港私房菜馆的经验和模式。

二、人生没想到的第二件事——做设计

让我自己没想到会做的另一件事是做设计。由于我在香港的经济条件还算可以（属于中产阶级），我也喜欢逛名牌店、买家具，有收藏的爱好。6年前，有房地产开发公司老板找到我做设计顾问，帮助他们进行别墅设计与开发。我是这家房地产开发公司老板老婆的形象顾问，主要负责帮其采购衣服（兴趣驱使）。在采购衣服的过程之中，会和这位太太一块儿聊天喝下午茶，并分享自己的一些心得体会，或是对某些新事物、经营业态的认知，所以这位太太便向自己的老公推荐了我去做别墅设计与开发的顾问。香港是房地产发达之地，我先后买卖过6次房，而且每次买房后都会按照自己风格和喜好进行装修（我尤其喜欢买家具），正因为这样，每个买我房子的人都觉得我的房子很特别。接下这个方案后，在公司内部，我、策划、营销、设计团队、管理方等举行了座谈会。我在10年从艺期间，因擅长画女士肖像，先后进出过许多别墅为这些富家女士画肖像，而且我也喜欢去琢磨这些有钱人士的房子、装修及其生活方式。因此，凭借以往所接触到的别墅经验，我就跟他们说，关于别墅设计与开发，除住别墅的老总外，参与座谈会的其他人都是住套二、套三的外行人士，大家只是凭借自己住套二、套三的生活经验，单纯将空间扩大到别墅。例如，偌大的厨房只有三个炉头，若是别墅主人想在家中请客，都很难办到。

而在过去的设计生涯中，我一直坚持在项目设计过程中要有绝对的话语权和主导地位，但经济收入可以相对打折扣（或是不挣钱也无所谓），自己无法

主导的项目坚决不做。例如，成都老南门南城记老板找到我帮他进行策划，我就跟他说我只有一个要求：从餐馆取名到所有的 VI、平面、空间改造和设计由我全权做主，而我个人的设计费可以减半，我甚至还笑他最好消失两个月，但必须给自己 200 万元经费独立支配，以采购灯具、器皿、家具，进行店铺设计与改造，等我设计改造完后他再出现。

我自己设计的独具特色的一家餐馆——"活动餐馆"：该餐馆位于一楼，4 米多高，面积 600 多平方米，水泥墙面。所有墙体 4~5 厘米厚、1.5 米宽、3 米高，墙体上面是轨道，所有墙体可灵活移动并任意组合成任意空间（婚宴空间、二人就餐空间等）。而轨道尽头设计有仓库，20 分钟可将所有墙体推到仓库，让该餐馆消失不见。此外，我还邀请了 10 个朋友在墙上写了 10 个关于他们那一代人对食物的记忆的桥段，10 个故事间也可任意组合，以此来增加餐馆的文化底蕴。

三、成都崇德里规划经验分享

成都印象的老板杜总很注重文化（宽坐、转转会、小场合都是杜总旗下的品牌，成都印象还培养有一个专业的川剧班子），认为我经营的私房菜馆很有创意，而且又具有国际视野，3 年前听说我要退休回蓉便主动联系我，并相邀回蓉后见面。我虽然在香港生活的 27 年日子过得不错，但与当地的人们没有共同的文化经历，而与共同文化经历的固定朋友圈都在成都，因此退休后想到回蓉。而此时成都的餐饮业正面临着一个拐点：如何把独具成都地方特色的文化餐饮与国际化发展的视野相结合。我与杜总见面后聊了两个多小时，也聊得很开心，交谈中就自己若要做餐馆该如何表达了我的看法。杜总强烈建议我去考察崇德里，实地观察后我觉得崇德里是东大街商圈未来发展的中心位置，可作为东大街商业经济发展的一个示范榜样。因为毗邻东大街的国际财富中心，所以崇德里被定位为"既是成都的，又是国际的"。

在对崇德里进行重新规划之前，政府及各类相关人士聚在一块儿进行头脑风暴，得出锦江区的东大街商圈已形成，但青羊区的文化资源最丰富。围绕东大街商圈，采用"以点带面"的方式对附近旧的建筑集群进行改造，提升经济效益。

崇德里的重新设计被划分为"谈茶、吃过、驻下"三个项目（这三个词来自于地道的成都方言）。寓意是当你在崇德里喝过、吃过、睡过后，你本人就和崇德里有关系了。在每个项目下边，都设计了一个异体字：谈茶是一坐客，吃过是36餐客，驻下是12住客。

1号房原是很小的一个四合院，现今被设计成茶社，与"谈茶"相对应。意在恢复盖碗茶本意。我自己离开成都之前的盖碗茶是要大口大口喝茶，实际喝什么茶叶并不重要（盖碗茶茶叶多为三级花茶），而现在在成都很难再找到盖碗茶。正因为这样，盖碗茶的茶具也很难找到，反而被工夫茶的茶具取而代之，我自己设计盖碗茶茶具，再配以三花（指三级花茶）。而在崇德里茶社，谈茶比喝茶更重要，所以我称它为"Talk Tea"。我们也有和国际品牌商合作，精心设计茶社的桌凳，旨在打造一种精英文化圈。

2号与"驻下"相对应，由门对门的一楼两户构成，房间的布置从一楼到三楼依次为套一、套二、套三，一次性可容纳12位住客。驻下由8个世界著名设计师设计的产品、5个著名品牌构成其文化内容与文化设施，我希望通过引进国外的设计文化，展现国际化的生活方式，来带动服务形态和生活方式的转变。

3号庭院与"吃过"相对应，一次性可容纳30位食客。哪些桌子坐两人、哪些坐三人、哪个地方放包，这些细节地方我都进行了精心设计，让顾客觉得只有这样坐才舒服。因此，到此处就餐的食客要按照所设计的餐厅格局和坐式来安排座位。我自己无法要求食客穿何种衣服入内就餐，但我可以要求他们按照自己设计的格局和坐式才能让其他食客们也能舒服的就餐，如果有客人在餐厅随意乱坐或是大声讲话，会影响其他食客就餐，破坏所有客人对该餐馆的好感。

这家餐馆的资金投入、后期运营都完全参照香港私房菜馆的经营理念与模式，但菜馆内，啤酒、白酒被绝对禁止，要饮酒就只能喝气泡酒、香槟、红葡萄酒、白葡萄酒，这种成都私房菜配西式酒的方式也体现了中西合璧的国际化理念。若饮白酒、啤酒，按照中国人的饮酒方式最后就会演变成"你找我敬酒，我又用酒回敬你，最后变成大家一起干"的局面。而在30个食客这一顾客数量有限的大背景下，我们用"反餐饮"的逆向方式，通过就餐时间、氛围、格局、菜品、酒类等多种方式来挑选餐厅的客人，实行一种顾客与餐厅双选的新型模式。我们讲究的是定时定量，餐厅内部采用"打平和（AA制）"的方式提供菜品，每桌的菜肴都是相同的。不管有钱无钱，到我们餐厅的客人所享用的菜肴均相同，我觉得这是对个性餐馆文化、小餐馆文化的贯彻实施。在吃过这个项目中，我们也与顶级的整体厨房公司 Bulthaup 合作，引进其价值700万元的整体厨房设备与国际化接轨（该套设备特点：是一套开放、朴实、工业化的厨房设备，厨师除做饭之外，也可坐在厨房吃饭，整体感觉像西方的一个超级大客厅）。餐馆里的餐具、硬件设施看起来很简单、朴实，但都出自国外各大品牌之手，又很工业化，价格昂贵，体现一种"朴实化的精细"、"低调的奢华"理念。这种观念源自于我在国外游历的感悟和经历：我曾到北欧去拜访过哥本哈根的606房间，是个外表朴实无华的套房，但受到国外有钱权贵的喜爱。相比之下，中国人更注重浮华，有钱人或是权贵住酒店，2米宽的床还会觉得唯恐不够宽，非得要换2.5米×2.3米的超级大床。如果中国人要办五星、六星酒店，顾客睡在床上所占面积肯定不到整张床的一半，反而造成资源浪费。

我们崇德里的"吃过"项目，吃和看各占一半，用一半的时间来了解崇德里吃过背后的文化底蕴，用另外一半的时间来体验80年代成都地方菜的特色。而我们希望未来在另外一个"太古里"的项目，能把对文化、设计的价值体验提高到70%，把顾客对吃本身的关注降低到30%，让顾客更多地去体验何为设计感和设计文化、何为就餐方式和服务方式，用餐饮背后的文化底蕴为顾客塑造难忘的就餐经历。

在崇德里改造过程中，我特别尊重用时间堆积起来的崇德里的时间的痕迹。还特意找来对胶片相机很热衷的成都城市记者做摄影师，对崇德里的历史以照片的形式展现。

城市的现代化脚步常常会让人感到陌生，所以在崇德里重新规划的过程中，希望能保留崇德里往昔的记忆，承载人们童年、少年、青年成长的印记。"一个城市的回家路"作为崇德里的品牌定位，强调的就是一种历史性与现代性、文化性与功能性相结合的精神。

A City's Way Back Home—Chongdeli

WANG Hai

Abstract：WANG Hai, Chengduer, was the famous graduate in Grade 77 and 78 of Sichuan Fine Arts Institute. During the second year his painting Spring won Second Prize of National Art Exhibition in 1979, and then this painting was rewritten into a novel. After graduation he rejected the assigned job and started up the first painting training class in Chengdu. In 1987 he migrated to Hong Kong, and his works The Image of Hong Kong won the gold medal in the Hong Kong Biennale, which was collected by the governor and hung in his office. Then WANG Hai gradually became the cultural activists in Hong Kong. Later, he opened the home cooking culture of Hong Kong, known as the "father" of Hong Kong private home cuisine. The private home cuisine brand "Dapinghuo" (Chengdu dialect, means AA system) has been Hong Kong's top cuisine restaurant, which jointly started up by WANG Hai and his wife. Now he is living in Chengdu, as a creative designer, and his representative works include architecture design of Chengdu Qinghe Artists Garden, the project design of Teddy Bear Museum (China) and Chongdeli etc.

Key words：Chongdeli；Creativity；Design

书 评

Book Review

CREATIVE MANAGEMENT REVIEW

创意管理推动文明进程

——《中国创意管理前沿研究系列》评介

◎ 徐玖平*

创意经济是 21 世纪的经济形态，是人类文明和产业经济发展到一定阶段的产物。正如英国学者克里斯·比尔顿所说："产业的创意化和创意的产业化，使奠基于文化和创意而非物质实体的创意经济已经站在进入新产业时代的门槛上。"在创意经济时代，创意是经济增长和社会进步的内在源动力，而创意管理则是文化产业化和产业文化化的强劲驱动力。生产创意产品、壮大创意产业的核心就是创意管理。创意管理是这个创意时代里，洞悉创意文化演变、推进创意经济发展的一柄利器，也是加速文明进程、推动社会进步的一种强催化剂。

由四川大学商学院教授、四川大学创意管理研究所所长杨永忠主编的《中国创意管理前沿研究系列》丛书，顺应了这一重要历史发展趋势。该丛书的顺利出版，是创意管理学理论大厦建立过程中的一块重要里程碑，必将为创意管理学整体理论体系的建立提供坚实的理论基础。该系列丛书无疑将成为开启中国创意管理变革之门的一把钥匙。

一、丛书架构

丛书主要从管理学视角，围绕文化资源、内容创意、产品生产、市场推

---

* 徐玖平，四川大学商学院院长，教授，博士生导师，长江学者。节选自《中国创意管理前沿研究系列》代总序。

广、消费者等各个价值链环节，探讨文化创意的发生与发展规律，探寻文化与技术、经济的融合，探求文化的产业化与产业的文化化路径，为"中国制造"向"中国创造"转变提供理论支持。具体的著作研究，主要是基于中国文化的背景，对创意产品管理展开分类的系统研究。这里面，既有针对一般的创意产品，探寻其开发机理、生产模式、营销方式与消费者参与等；也有选择具体的创意产品，如动漫游戏、表演艺术、工艺品等，探讨其产品的特殊性和创意的实现路径。

同时，也从满足消费者日益增长的超越性需求角度，开展创意管理"质"的研究和"量"的研究。"质"的研究主要是针对消费者个性化、变化中的文化需求，从创意思维的培养、创意产品的设计、创意消费的迎合等方面开展创意管理研究；"量"的研究主要针对消费者普遍化、增长中的文化需求，从创意理念的提出、创意工艺的优化、创意市场的培育等方面开展创意管理研究。

二、理论贡献

我国创意产业发展迅速，创意管理的实践早已开展，且取得一定的成果，但学术界没有从理论上对其进行系统归纳和梳理，缺少理论支撑和指导的实践将难以取得更大进步，并可能影响创意产业的健康持续发展。此外，现有的国内外关于文化创意的理论研究，大多从宏观的政策层面或中观的产业层面进行分析，缺乏微观的管理角度分析。如果说创意经济是不可阻挡的时代潮流，那么创意管理则是各类弄潮儿搏击浪潮的源动力和驱动力。因此，对创意管理进行全面、系统研究迫在眉睫且意义重大。

创意管理系列丛书基于国内外相关研究成果，从微观管理视角，理论分析与实证分析结合，一般分析与案例分析结合，管理学分析与跨学科分析结合，详细分析和探究文化创意管理价值链包括文化资源、内容创意、产品生产、市场推广、消费者在内的各个环节，系统整体构筑创意管理的理论体系，将填补我国创意管理系统研究的空白，对推动我国文化创意产业的长远发展有着重要的理论指导意义。

三、实践价值

我国有着丰富而灿烂的文化资源，毫无疑问，是文化资源的大国。但从今天占全球文化市场的份额而言，中国还绝不是文化资源的强国。在创意经济时代，从文化大国到文化强国的转变，必须以文化创意和创意管理为内生动力。

创意管理研究系列丛书从微观的企业角度，分析和研究文化，特别是中国传统文化在创意经济中的表现形式和活动特征，探索和总结创意管理的一般规律和有益经验，形成以中国特色的创意管理，必将有力推动"中国制造"向"中国创造"转型，可以更大限度地体现商品的文化价值，更大长度地延长创意产品的文化价值链，更大幅度地满足人的经济、技术、文化等综合效用和个性偏好，更大程度地满足人民群众的超越性需求，为创意时代推动社会进步和文明进程做出积极贡献。

实践是检验真理的唯一标准。要实现上述目的，必须依赖脚踏实地、持之以恒的创意和创意管理实践，特别是中国文化企业家的笃实践行——文化企业家独特而充满激情地将艺术家的梦想与企业家的冒险以创造的方式结合起来，并在创意企业的经营和创意产业的发展中实践，必将迎来我国创意管理辉煌的明天。

创意让文化成为经济舞台的主角

——《文化经济学：理论前沿与中国实践》评介

◎ 周云水*

改革开放 30 余载，国人在经济生活方面日益丰富多彩，但对传统文化的忘却和疏远似乎也在与日俱增。曾被很多地方政府挂在嘴边的"文化搭台，经济唱戏"，让人觉得文化唯一的功能就是为经济的发展服务，而且由此确定了经济数据在各级政府各项工作中的极度权威。发展经济，固然非常重要。但是，文化仅用来为"经济唱戏"而搭台未免偏颇。试想，一个人如果失去了灵魂，没有了精神支柱，身体再强壮，兜里钱再多，又有何用？

近读《中国创意管理前沿研究系列》丛书推出的由四川大学商学院博士生导师杨永忠教授与四川理工学院林明华博士合著的《文化经济学——理论前沿与中国实践》一书，对文化与经济之间的相互依赖与促进关系有了更深的认识。首先，经济生产的过程就是精神文化变为物质文化的转换过程，没有不包含文化元素、完全脱离文化的经济。随着文化科技的高速发展，文化与经济的融合已成为不可逆转的大趋势。文化产业的崛起，本身就是经济的重要组成部分。其次，文化是经济发展的最深刻的内力，绝不是经济的助推者、帮闲者。即便在小农经济的生产模式中，也须臾离不开文化的渗透与参与，不违农时的经验、精耕细作的技艺、传承不息的种植习俗等，莫不都是文化的元素。

从这个意义上讲，我们不妨让文化唱戏，经济来搭台，但怎样才能让文化

---

* 周云水，中山大学博士，广东省普通高等学校人文社会科学省市共建重点研究基地嘉应学院客家研究院研究员。

在经济的舞台上成为主角呢？杨永忠教授在对文化经济的发生与发展规律进行系统研究和深入分析后，指出创意恰恰是文化经济的灵魂，是文化资源转变为文化资本的核心，是文化发展成为文化产业的关键。以此观之，借助创意这个神奇，我们才能真正让文化成为经济大舞台上的主角！

除了以上实践层面的重要意义，这部厚重的著作，还在理论体系上为我们呈现以下三个方面的显著特点和创新：

第一，基于现代经济学视角的分析。在由微观经济学和宏观经济学两个分支共同构成的现代经济学体系中，本书以微观经济学作为最基本的切入点，既包括稀缺、偏好、效用、需求、供给等经典的现代经济学内容的讨论，又包括了产权理论、激励理论、博弈理论、公共治理理论等不断发展的现代经济学内容的分析，同时，也涵盖了现代经济学有关图像模型和数学模型等一系列强有力的分析工具的应用。

第二，基于国际文化经济学发展的分析。文化经济学作为经济学的一个年轻的分支学科，其奠基被西方学者公认为是鲍莫尔和鲍文1966年出版的《表演艺术：经济困境》一书。该书提出了著名的"成本困境"（Baumol's Cost Disease）问题，即表演艺术的生产力落后于全社会的生产力增长，从而导致表演艺术的单位产出成本的持续上升。沿着表演艺术和文化经济领域是否存在"成本困境"，西方经济学家展开了30年并时至今日仍在进行的争论和讨论，在争论和讨论中文化经济学得以发展并逐步成为一个独立的经济学分支学科。本书吸取了国际文化经济学最新的前沿理论，总结呈现了文化创意、文化资本、文化企业家、超级明星效应、产品定价、双边市场等最新的研究成果。

第三，基于中国文化经济实践的观察。除全书各个部分的理论分析中涉及的中国文化经济实践外，本书特别集中一章，从作者深入的调查研究中选取了相关的案例，呈现给读者。这些案例通过一手的访谈和现场的资料收集，真实和生动地反映了中国文化经济的实践足迹，为我们更好地理解文化经济的理论问题提供了现实参考和理论创新的思考空间。

作品鉴赏

Appreciation of Creative Works

四一玩作

以互动家具记录情感

童心玩趣

灯几

镜花水月

进驻台北松烟诚品